곤차로바의 노래

심봉구 시집

문학공원 시선 275

곤차로바의 노래

심봉구 시집

문학공원

시인의 말

화천 산골에 농막을 짓고 삽니다
소담스런 멧돼지 똥덩이에
나비 셋, 꽃으로 피었습니다
두꺼비는 졸고 있고
능청스럽고 향기로운 풍경에
가던 발길 슬쩍 돌립니다

이 시집은
바람에 걸어둔
나의 마음입니다
누군가의 창가를 스치다가
잠시 머무는
향기가 되길 바랍니다

2025년 늦가을 화천 충이재(虫二齋)에서

시인 심 봉 구

차례

시집을 펴내며 … 5

1부.
밀레, 에밀레

스며라, 배암 … 12
청량리 김 권사, 울고 있네 … 14
청계천 1974 … 16
기지촌 1975 … 18
나사 1977 … 20
식칼 1979 … 22
무애행(無碍行) … 23
가방모찌 대니보이 … 24
참척(慘慽) … 26
밀레, 에밀레 … 28
계곡송(溪谷頌) … 29
해변도(海邊圖) … 30
박수정의 숙명 … 32
똥개 선생 행장(行狀) … 34
모기, 이 양반 … 36
나릿골 여자의 내력 … 38
설상가상 맹 교장 … 40

2부.
화진포 풍경처럼

노화도(蘆花島)에서 … 44
빈센트, 그리고 의식의 흐름 … 46
라 팔로마(La Paloma) … 48
볼리비아 개똥벌레 … 50
곤차로바의 노래 … 52
그해 2월 네바강은 웅웅 울고 … 54
케이프타운 가이드 배상선은 … 56
조지아 프롤로그 … 58
조지아 에필로그 … 60
화진포 풍경처럼 … 62
회귀촌(回歸村) … 64
하얀 손 바퀴벌레 … 66
기억제(記憶祭) … 68
오, 인디라! … 70
정난주 마리아의 독백 … 71
은밀한 전설 … 72

3부.
우리들의 축제

할배의 육아전선(育兒戰線) … 76
소가죽 타령 … 78
망명(亡命) … 80
똥도 타일러야 … 81
깡패 추위에 북한강은 … 82
우리들의 축제(祝祭) … 84
독도의 가을 … 88
늙은 시를 엮는 일은 … 90
그대 푹 잠들게 하리 … 91
동백꽃 … 92
콩밭 … 94
가을비 밟고 길상사에 가면 … 96
맑고 향기로운 풍경 하나 … 98
오징어 … 99
지천명(知天命) … 100
비구상 … 102

4부.
새벽안개 헤적이며

연가(戀歌) … 104
새벽안개 헤적이며 … 105
팽이치기 … 106
고향의 초파일 … 107
고향의 바람은 … 108
나목(裸木) … 110
벌초 … 112
만월(滿月) … 113
성묘 … 114
앗소 … 115
짝사랑 … 116
노인과 동거 … 118
바람의 피 … 119
꽃무릇 … 120
산(山) … 121
애기똥풀꽃 … 122

특별대담

〈시인, 젊은 날의 초상〉
선생님 선생님, 아룡 선생님 … 124

대담 : 문용민(고2, 문예반)
　　　 정용경(고2, 문예반)

작품해설

노마드적 개척정신과 풍자의 시학 … 140
김순진(문학평론가 · 한국문인협회 이사)

1부.
밀레, 에밀레

스며라, 배암

화천 농막에
납시었다 구렁이
찬란한 보석을 주렁주렁
걸치고 슬렁슬렁 나타났다
촘촘한 나일론 그물망을
만능열쇠로 철컥 열고
비웃으며 걸어 나왔다
파란 얼굴로 맞설 수밖에
경기 일으키는

깊은 강이나 바다에
뱀장어로 살아 마땅할 놈
나랑 무삼 원수졌관데
천하 악당 리반클리프*같이
예까지 찾아와
바늘 눈빛 번뜩이는지
천경자 할매를 부를까
서정주 할배를 부를까

우크라이나 도살자 눈알과

정치꾼 그 뱀눈이 겹쳐
팍! 곡괭이로 찍을까 했지만
후환이 두려워
징그러운 뒤처리가 더 무서워
싸리비로 어깨 떠밀어 보낸다
미당이 알려준 주문 읊으며
스며라, 배암
스며라, 배암

* 리 반 클리프 : 지구상 가장 비열하고 기분 나쁜 눈빛의 악당 전문 배우
* 스며라, 배암 : 서정주의 시 「화사(花蛇)」의 한 구절

청량리 김 권사, 울고 있네

남의 남자 간도 빼보고
남의 여자 뺨도 쳐보고
개수작 대가리에 소금도 뿌려보고
눈탱이 밤탱이 맞아도 보고
머리끄덩이 잡는 노릇은
라면 먹듯 다반사였다는
청량리 요양원 203호 김 권사

도도한 강물도 지쳐
언덕을 베고 드러누울 무렵
온몸의 장기와 뼈마디가
제각기 가시 들고 날뛰고
검은 손이 땅땅 두개골을 치기에
얼른 대갈통 떼어가라고
한 사흘 거친 타령 읊었더니
늙은 수양딸이 구겨 처넣은 곳이
요단강 선착장이라며
허옇게 웃네

여든 줄 나이에 미련도 없다지만

홍역으로 잃은 어린 것과
소파수술로 날린 여린 것들이
엉금엉금 기어와
쭈그렁 가슴 만질 때
넝마 같은 어깨 들먹이며 우네
굴레방다리 밑에서 밥 퍼주는 봉사
20년 세월을 어여삐 여기시고
배 떠나는 날 붙잡아 줄
거룩한 손 있으시라
기도하며 우네

청계천 1974

나는 어제 청계천 고서점에서
먼지로 죽어가는 그의 신화를 보았다

마지막 잿노을이 타던 날
천년 제향에 그을린 석주(石柱)는
20촉의 형광등에 맥없이 무너지고
때 절은 책장에 화석으로 누운
그를 보았다

돋보기에 확대된 그의 회색빛 정맥이
나의 심장 속으로 느리게 기어들고 있었다

그때 그가 들었던 금잔은
이제 날개 잘린 파리 한 쌍의 뚝배기
드리운 휘장을 칼로 자르고
안개 속에 지펴내던 모닥불

그 속에 젊음이 녹슬던 날
그마저 낙장으로 스러져
망각의 조각으로 뒹굴던 날은

쓰디쓴 소주잔을 들고 만다

만근 세월의 무게 속에
찢어지는 화석으로 나부끼는
그의 여남은 숨결을 위해서

기지촌 1975

여기에는 왜 질경이보다 서러운 꽃이 필까
또 왜 삼류 시인의 지조마저
한마디 변명도 없이 수직으로 떨어질까
밀레의 만종이 만가(輓歌)처럼 울리고
곡마단 곱사등이의 혹이
가파른 포물선을 그리던 만추의 황혼에
뇌성으로 까르르 번지는 살로메의 홍소(哄笑)는
끝내 요한의 양심을 넘보는 걸까

허나 그럴 수만은 없겠다
그러기엔 너무나 아프게 찍힌 자국이다
자국마다 찢긴 역사의 낙장이다
낙장마다 길길이 호소하는 생명이다
그 진한 생명의 불길은
고향 개천에 질펀한 개구리 알보다 순수하다

그래서 조국의 하늘은 시리도록 푸른가
옛날엔 가없는 평화를 머리에 인 장승백이가
길모퉁이 주막에서 기어나오는 육자배기 타령에
졸음을 게우는 곳인데

오늘은 삼류 시인의 헤픈 양심이
왜, 질경이밭에서 신음하는 곳인가

나사 1977

그날 카투사 박 일병과
미군 하사 패티의 결합은
머리와 가슴의 조화가 아니라
끓는 피와 불끈대는
호르몬의 영역이었을 게야

공병대 트럭 밑에서 둘이
닦고 조이고 기름치다
숨소리 꼬이고 혀도 꼬이고
흑요석 패티, 뜨거운 콧소리
오우 팍(Park), 캄 인(in)
꿀럭꿀럭 기름칠 넘치고
뜨거운 나사의 조립은
너무 헐거웠을 거야

오늘처럼 달 밝은 밤
콜로라도 강변 노점상
검은 패티 할매랑
야매 틀니가방 버리고
월계아파트 경비원으로 변신한

박철만 할배랑은
잊을 수는 없을 거야
의정부 캠프카일 모터풀
미끄럽고 뜨거웠던 나사의 노래를

식칼 1979

밤새도록 패대다 제풀에 잠든
남정네 왼손에서 풀려난
식칼 쥐어 겨누어본다
망나니 가슴에 세 번
제 가슴에 두 번
부랄시계는 네 점을 친다

미친개의 흘레질처럼
꼭두서니 빛깔로 뜨겁게 붙은 연탄의 음부
복수같이 찔러도 교접은 질기다
식칼도 벌겋게 물들고 만다
살인적 냄새 어찔하다

지랄쟁이 무서워
북어국은 끓여야만 한다
칼등으로 친다
손잡이로 탕탕 마구 팬다
배추김치 썬다
저 양아치도 섞어 썬다
도마에 핏물 그득하다

무애행(無碍行)

한겨울 펑펑 눈 내리는 날
장비 수염 호랑이상 육척 경허스님이
상여 곳집 처마 밑에 쓰러진 눈 코 뭉그러진 여자
문둥이 그 처녀를 들쳐업고 저벅저벅 법당에 들어서니
행자승도 줄행랑치고 말았다네

먹이고 벗기고 싸악 씻겨서 정갈한 솜이불 위에 눕히고는
지극한 눈물과 뜨거운 입김으로 열흘 밤낮을 맨살로 붙어사니
밤마다 울던 부엉이도 꼬올깍 침 삼키고는 입을 닫았고
휘영청 달은 나뭇가지에 앉아 하염없이 어깨를 들먹이고
별들은 바르르 떨며 초록빛 눈물 또옥똑 떨구었다지

폭설이 그친 날 오후 산문 앞 갈림길에서
스님은 두둑한 바랑을 그녀 어깨에 걸어주고
표표히 삼수갑산으로 떠났다네
코뚜레 꿸 콧구멍 없는 소로 살다
1912년 4월 12일, 적멸했다네

가방모찌 대니보이

옛날꼰날 산골 초등학교
쥐오줌 얼룩진 3학년 통지표엔
키 109센티 몸무게 18키로 적혀 있었지

중학교에 갔어도 찌질이로 간당거리다
키 큰 소아마비 조합장 큰아들
가방모찌 되어 희미하게 즐거웠어

자갈돌 튕기며 달리는 트럭
흙바람 치맛자락에 걸려 꼬꾸라진
그 아이, 웃으며 손잡아 일으키자
머리통을 찍는 목발, 그리고 별들의 광란

땀 범벅 코피 범벅으로 달려간
빨간 양철지붕 교회
풍뎅이 한 마리 맹렬히 붕붕 날고
나는 십자가를 붙잡고 끄윽끅 울었어

일흔 나이에 주위들은 그의 소문은
젊은 날 산에 올라 농약 들이켰다는 것

절벽 아래 날렸다는 목발을 떠올리며
마른침만 자꾸자꾸 삼켰어

덧없어라, 나는 안데스산맥으로 날아가
목발에 새긴 그대 이름 콘도르 목에 걸어주고
안개 축축한 마추픽추 돌벽에 기대어
헐떡이며 꺼이꺼이 대니보이 불렀지, 철새는
날아가고 산골짜기엔 피리 소리 자욱하고

참척(慘慽)

팔팔 올림픽으로 펄펄 끓던 그해 팔월
서울대병원 간호사인 조카 경숙이가
밤 근무 마치고 들어와 울컥 토한 말은
소설가 박완서 아들이 죽었다는 것이다
스물여섯 청청한 의사가 죽었다는 것이다
내 책장에 꽂힌 자전적 소설에는
작가 오빠의 선혈과 엄마의 오열이 아직도
서로의 입 틀어막으며 뒹굴고 있는데도

불과 세 달 전 남편과 사별한 박완서는
책상 위 영정사진을 패대기쳤단다
지 새끼도 지켜내지 못한 등신이라며
울며불며 짓이겨 밟았단다
또 하늘 향해 삿대질하며
당장 살려내라 절규했단다
잠시 하늘의 멱살을 풀어놓고
체념처럼 올린 기도는 무섭고 가엾다

주님, 당신을 사랑해서가 아닙니다
믿어서도 아닙니다

만에 하나라도 당신이 계실까봐
계셔서 남은 내 자식 중
누군가를 또 탐내실까봐 무서워서 바치는 기도입니다
주님, 왜 그리하셨어요, 주님
주님, 부디 한 말씀만 해 주소서

후일 박완서는 고백했다
모든 눈물엔 진통제가 섞여 있다고
일생의 반려를 잃은 울음일지라도
거기 약간의 감미로움이 섞여 있어
그 미량의 달콤함으로 고통을 견뎠다고
참척의 눈물에는 감미로움이 전혀 없어
구원의 가망도 없는 극형이었다고

20년이 지난 후 작가는
이해인 수녀의 선한 눈을 보며
참척의 아픔만은 극복할 수 없었다고
그냥 견디며 살았을 뿐이라 고백했다
남편과 외아들 곁에 영면한 박완서
마지막 유언은 소박하고 진실하다
'가난한 문인에게 조의금 받지 말라'
이해인 수녀의 흐느낌도 진실하다
'우리를 행복하게 해 주셨던 어머니
고맙습니다 안녕히 가세요 어머니'

밀레, 에밀레

만추(晩秋)의 나이가 되어
밀레의 만종(晩鐘)을 다시 보니
에밀레 붉은 울음이 자욱합니다

양구 땅 열두 살 박수근은 이 그림을 처음 보고
부르르 오줌 찔끔 싸고는 험난한 화가의 길로 나서서
평생 가난한 영혼만 그렸습니다

스페인 화가 살바도르 달리는 이 그림을 처음 보고
미친놈처럼 중얼거렸습니다
아기 관(棺)이 숨어 있다며 평생 떠들고 다녔습니다

에밀레, 붉은 그 울음을
박수근은 납작하게 눌러서 메마른 입자로 깔았고
 달리는 녹아내리는 시계처럼 기괴한 형상으로 담았습니다

훗날 엑스레이로 조사해보니
감자 바구니 밑에는
관처럼 생긴 것이 있었답니다

계곡송(溪谷頌)

하늘 사타구니 그 계곡에는
이승도 저승도 아닌 노래가 있지
먹빛 침묵으로 고목은
사시 살을 갈아 이웃을 먹이고
피칠 범벅 낙엽의 어깨를 두드려
두리둥실 희한한 춤을 만들지

구름을 불러 번개로 찢어발기는
하늘 절벽, 그 절규의 심장을 터뜨려
마침내 콰알콸 쓸어내려서는
질기디질긴 노래를 엮는 거지
그래서 그 계곡엔 언제나
억년 바람 언어가 깨끼발 춤추고

아서라, 인간 즘생 도시 알 수 없는
이승도 저승도 아닌 노래가
거기 분명 있는 게지

해변도(海邊圖)

온몸으로 발광하다 맥없이 풀어 늘어진
사주팔자 드센 여인의 가슴
알알이 부서진 육신에 우수수 별이 떨어진다

언젠가 당신이 떠난 저 수평선에
유난히 붉은 노을이 내릴 때부터
한사코 그리움은 샛별처럼 매어 달던 버릇
사시(四時) 망부한이 역겨워
이제는 물거품만 세우 게우는가

하 울먹이다
허리 위에 걸린 낡은 목선엔
남정네의 그을린 고무신 한 짝이
찌든 졸음을 먹는 저녁 해변
자욱이 하늘이 내린다
실안개 되어 흐른다

당신의 목소리를 싣고 온 장기곶 갈바람이
야속히 가슴을 치고 달아날 무렵
지친 파도는 연거푸 밀려만 나고

그날따라 저녁 해변은
검푸른 미소를 씹으며 거부하는
여인의 몸짓이었다

* 세우 : '자꾸, 억지로'의 강원도 방언

박수정의 숙명

이집트 나일강변 룩소르에는
미아리 당집 둘째 딸 박수정이
히잡을 쓰고 가이드 깃발 펄럭이고 있다
대학 암벽등산부에서 만난
곰바우 같은 사내의 환장할 배신으로
지랄 같은 몸살을 몇 년 앓았단다
무당이 된다는 점괘를 받고는
신탁(神託)의 주둥이를 비틀어놓고
자리 밑 수북한 복채를 쓸어 담아
인도 바라나시로 훌쩍 갔단다
매일 밤 힌두의 강물에서 허우적대다가
비 내리는 갠지스강변 어느 골목에서
소똥에 철퍼덕 미끄러져 펑펑 우는데
손잡아 주는 말끔한 사내를 따라
정갈한 이스라엘로 갔다지, 그런데
율법이 송곳같이 꽂힌 사막이더란다
통곡의 벽 두드리며 칠 년을 살았단다
뒤틀리는 신열을 씹다가 아, 날개
진짜 사막을 보라는 바람의 음성을 듣고
옆구리 뚫고 솟는 날개를 봤단다

사하라 모래바람에 찝찔한 육신을 헹구고
룩소르 퀸즈밸리로 무작정 갔단다
곡절 끝에 네페르타리 여왕을 지키는
보조 여사제쯤 됐다는 바람 같은 얘기지만
박수정의 언설(言說)은 또랑또랑 비장했다

* 퀸즈밸리 : 이집트 룩소르 여왕의 계곡
* 네페르타리 : 인류 역사상 가장 아름답다는 여인. 람세스 2세의 왕비

똥개 선생 행장(行狀)

근사했어요 정말
신언서판 좔좔 흘렀지요
칠판 꼭대기에 늘 〈쏭기던〉이라 써놓고
왈왈 짖어댔어요 그 양반
똥개란 별명 자작일 거예요
미친개 별명 피하려는
꾀 많은 계획일지도

공수부대에서 갈아온 주먹으로
칠판 세게 꽝 쳐 구멍 뻥 내면
면도칼 씹던 애들도 오금 저려 꼬랑지 내리고
그냥 절대 평정이었지요
늘 엄정한 수업이었어요

  오늘 백병원 영정사진 물고 웃지만 내일 만리장공 구름이에요 젊은 날 만취로 지하철 계단에 굴러 응급으로 들어간 곳이네요 아내 준다고 장미 다발은 꼭 쥐고 있더군요 후미진 똥꼬까지 설악산은 구석구석 맛있게 핥았지요 별무리 흐르는 공룡능선에서 조르바처럼 춤추고 노을 속에 파닥이던 봉정암 쇠북소리 밟으며 흘린 눈물은 무엇인가요 지리산 뱀사골 빨치산 마지막 할배에게 큰절하고 빌린 일기장 돌려주었는지요 내 몹시 괴로워 함께 찾은 으스름 수덕사, 네 번째 높다는 스님께서 벽장에서 내준 술항아리 싹 핥고 쥐약 먹은 똥개처럼 기어왔지요 교장 퇴직하고 홀로 양평 골짜기로 스며듭디다 송아지 만한 개가 멧돼지와 싸우다 죽었다고 묻으러 가더군요 똥개가 불독 업고 가는 모습 장관입디다 매일 담배 한 갑 소주 두 병 물고 살기에 섬뜩했는데 병든 똥개 양반 제 발로 기어와 넥타이 걸고 영정사진 찍더랍니다 그리고 닷새 만에 기어이

모기, 이 양반

요, 집요한 바람의 자객은
승강기를 타고 18층까지 올라와
손녀 뽀오얀 볼테기를 찌르고
화장실에 숨어들었다
팽팽한 수건을 활시위로 당겨
칠전팔기 철퍼덕 쏘았더니
아까징끼 한 점으로 납작해지고 말아
휴지로 슬쩍 닦아 변기통에 처넣고
버튼을 꾸욱 누르니
쏴아 분수처럼 솟는 화려한 전설

까마득한 쥐라기 시절에는
공룡의 등가죽을 뚫어 어쩔하게 했고
영하 70도의 시베리아에서는
얼음장 속에서 동면을 즐기다가
두둥실 베링해를 건넜다고 하며
질풍노도의 징기스칸 군대는
이 양반들 떼거리를 피해 퇴군했다는
괴담 같은 얘기 많기도 하구나

승강(乘降)과 이착륙 솜씨는

아파치 헬기를 비웃고
벤츠와 테슬라의 주행 기술도
이 양반 발톱보다 하찮은 것일 터
미국 실리콘밸리의 모든 기술이
어깨동무하고 덤벼들어도
이 극초(極超)의 기능엔 아득하겠구나

암컷 양반 붉은 입술은
고혹적인 웃음과 노래를 지을 것이고
수컷 양반 구릿빛 양물은
미카 기관차의 피스톤처럼 작동하여
3초간의 우주가 진동하는 섹스 끝에
3백 개의 알을 자궁에 장착할 것인즉
하여, 이 양반들 문화는 창대할 것인데
어찌 미물이리 칭할 수 있겠는가

언제부턴가 내 눈에
수건에 맞았던 모기가 들어와 산다
비벼도 씻어도 소용이 없고
히죽히죽 비웃으며 유영을 즐긴다
바람의 영혼, 그 영혼의 분자인가
아, 모기는 죽는 법이 없구나
안과 의사는 비문증(飛蚊症)이라며
그냥 더불어 살아가라 처방한다

나릿골 여자의 내력

갈매기 울음이 지천에 맞닿는
동해의 후미진 어촌에서 생겨나와
고기 배 따는 버릇을 못 버리고
어미 따라 지아비 따라
길이 평생 직업으로 삼아버린
나릿골 여편네의 내력을
나 이제 알겠네

사랑도 순정도
제단 옆 사시나무 가지에 걸어놓고
칼 갈아 고기 배 따서
오장육부를 휘휘 바다에 뿌리며
애끓는 콧노래나 늘씬 불러대는
도도한 속마음도
이제 또한 알겠네

어느 날 하마터면
그네들 애간장을 토해 들고
길길이 날뛰는 해일에 첨벙 던져
묵호에서 울릉도까지 넘실 띄우고는

다시 무당을 불러
에라, 칼춤이나 덩실 추려는
형이상학적인 자세를 보았기 때문에 그 내력
나 이제야 알겠네

설상가상 맹 교장

맹 교장이 오줌 누네
찔끔 또 찌일끔, 부르르
지퍼 올리자 초라한 번데기는
고인 침 또 찌일끔 토해
수수깡 다리 타고 내리네
회색 바지 사타구니가
금방 오디빛으로 벙글거리네

교실 앞 화단 벤치에 앉았네
작년 춘삼월 구름으로 떠난 아내
그 할매가 키우던 황매화
이리 옮겨와 피식피식 웃네
이혼하고 한국 나오겠다는
딸내미의 핏자국 같은 긴 문자
지난밤 읽었네, 어깨 들먹이며

휘익 축구공이 날아와
화단에 핑그르르 처박히네
황매화도 놀라 비칠대네
낭창한 아이들 웃음은

천방지축 뜨겁게 날뛰는데
맹 교장 가슴은 한겨울이네
만화방창에 설상가상이네

2부.
화진포 풍경처럼

노화도(蘆花島)에서

풍월주인 윤선도를 만나러 가다가
그만 안개의 속살 노화도에 갇혔네

태곳적 반도의 발가락 사이
피릿가락 피노을로 둥실 흘러와
사시(四時) 칙칙한 몸살을 앓는 곳
가야만 가야만 하는 발길이 서툴게 교차하는 선착장
너울대는 갈대꽃 그 섬에 잡혔네

해신의 술 취한 오줌발 속에
휑하니 뚫린 가슴을 적시고
칼 맞은 해적의 눈알로 번뜩이는
낙지의 이글대는 원초적 몸짓을 보았지
걸레로 누워 숨을 할딱이는 신문지엔
온통 인과의 비명이 매캐하게 번지고
원주민 남정네의 사람 사는 얘기만이
주문처럼 살아 감돌았지

사는 게 흡사 물안개 같은 것이고
죽는 게 희뿌연 구름이라면

우리 또한 여린 갈대꽃으로 건들거리다가
구천 지극한 거리 어디메쯤
메아리로 흩어지는 것일까

가느다란 인연의 끈을 꼭 붙들고
오늘은 동동대며 살아갈지라도
까마귀의 못난 웃음이나마
까욱 까아욱 시늉하며 살지, 뭐

이 세상 흔들리는 몸짓 속에
언제나 도선(渡船)을 기다리면서

빈센트, 그리고 의식의 흐름

어느 해 늦가을 빠리 근교 작은 오베르 마을
까마귀가 있는 밀밭 근처에서 빈센트 반 고흐를 만났다
그렁그렁 눈물을 달고 묘비를 껴안았다

타히티섬의 고갱은 키득키득 슬픈 웃음을 씹고
정열의 여인 천경자는 뱀을 목에 걸고 춤추고 있다

푸른 밤하늘 별무리를 보며
화가 김환기가 '빈센트'를 노래한다
Starry, starry night~
아내 김향안이 꽈리차를 마시다가
순간 변동림이 된다

변동림의 남편 이상이
69다방 낡은 의자에 앉아 꺼이꺼이 울고 있다
꼽추 화가 구본웅이
그의 어깨에 손을 얹고 토닥토닥 토닥인다

어스름 저녁에 성북동 사는 시인 김광섭이
홀로 동대문 야구장에 앉아

검푸른 하늘 별무리를 쳐다본다
막 별이 된 아내를 찾고 있다

아아, 모두들 어디서 무슨 별이 되어
다시 만날 수 있을까
만날 수는 있을까

라 팔로마(La Paloma)

통통한 물음표를 머리에 이고
늙은 그림자를 마주한 비둘기 한 쌍이
잃어버린 전설을 갸웃갸웃 묻는구나
일렁이는 광채를 모가지에 두르고
시조새의 목울대를 시늉하는 너희는
어딘가 귀한 신분을 새기고 있겠지만

칭기즈칸은 전서구(傳書鳩)로 부렸고
무굴제국의 악바르 대제는
너희 1만 마리 데리고 다니면서
화려한 축제의 위용으로 이용했단다
2차 세계 대전 때에는
이름과 군번까지 받고 참전하여
히틀러와 싸운 숫자 5만4천이었어

북아프리카 모로코 페스는
너희 물큰한 똥의 위력으로
세계 제일의 가죽 도시가 되었지만
그대들 항문의 조력이 없었다면
천년 영화와 문화유산의 명성도 벌써

사막의 낙타 똥처럼 풍화되었을 거야

이러저러한 명성과 이력도
노래 한 곡조엔 그만 꼬랑지 내릴 거야
하바네라와 탱고가 손잡은 듯한 리듬
비둘기, 라 팔로마(La Paloma)
150년간 세상을 돌아다닌 이 노래는
수억만 가슴에서 얼음가시 빼주었고
비로소 그대 또한 사랑의 새가 되었지

볼리비아 개똥벌레

볼리비아 라파즈 달계곡
쿨럭이던 34세 가이드 청년은
뙤약볕 마른 수숫대로 흔들리고
중국제 검정 뿔테안경은
콧잔등 미끄럼질로 산만했어

왕년 엄마는 문래동 밤골목
밤안개에 퍼덕이던 반딧불이였대
공장 야유회 때 떨며 부른 노래는
멜랑꼴리 신형원의 개똥벌레였고

늙은 홀아비 따라 아사라비아 춤추며
볼리비아 황망한 땅 내리자마자
고산증에 어질대다 마른 눈물 뿌리며
꺼억꺼억 노래만 불러댔대나
미숙아는 개똥벌레 물고 잠이 들고

하루 죽어 쉬고 우유니사막 벌건
노을 속으로 기어나온 안동권씨 청년
한국 가보고 싶지만 별 수 없다면서

작년에 죽은 엄마의 노래를 불렀어

순간 수십만 마리 개똥벌레가 별을 물고
춤추고 우리 모두 노래해댔지
손뼉치며 발구르며 고래고래 불렀어
온전한 안동권씨 가이드 청년
볼리비아 개똥벌레가 되는 찬란한 순간
소뿔 나발 뚜우 울었으면 좋았겠어

이튿날 늙은 아내는 여전히 콜록대는
개똥벌레에게 감기약이랑 라면이랑
다 털어주며 어깨 들먹였지
뭐, 낮달로 휘청거리는 달맞이꽃
서늘한 그늘을 보았대나

곤차로바의 노래
- 푸쉬킨 아내의 독백

오쟁이 진 남편 만들고는
죽음까지 불렀다고 억수로 욕먹은 곤차로바
나, 진토(塵土)되어 말하네
160년 만에 입을 여네
꾀죄죄한 심 영감 어눌한 입 빌려 노래하네
시인 그 잘난 것들이란 참
쓰바따예바, 그 우라질 시인 년은
알지도 못하면서 나불거렸지

곤차로바는 미녀일 뿐이었어 지혜와도 영혼과도 마음과도 재능과도 함께 어우러지지 못한 단지 미인일 뿐인 사람, 헐벗은 미모는 악취 풍기는 흉기 같았어 그리고 휘둘린 흉기는 참상을 빚었지

허 참 저는 레즈비언이면서
결국 자살까지 했으면서
뭘 다 안다고 천한 아가리 놀렸을까나
젠더 감수성 야무진 그대에게
이제 톡 까놓고 말하고 싶네

푸시킨은 나보다 13살 많고 키는 10센티나 작았어 아

프리카 노예 핏줄 거무튀튀한 원숭이 상판이었지 러시아 제일의 가수였어 그땐 시가 고상한 노래였잖아 달콤한 혓바닥으로 수많은 귓바퀴를 핥아대면 다 쓰러졌지 돈후앙이란 소문은 진작 그득했어

   러시아 으뜸 미인이면 뭐 해
   결혼 5년 만에 낳은 새끼는 넷
   항상 배불뚝이 아기 주머니였어
   맞아 아기 주머니
   아, 아주머니
   분홍 나이 스물넷에 졸지에 과부 되어
   방방 뛰며 울었지
   길 막고 물었어
   올망졸망 내 새끼들
   불쌍한 요것들 어떻게 해야 다 살리냐고

게이 행각 감추려는 그놈들 계략에 속은 게야 욱하고 내지른 말 거둘 수 없어 죽은 게야 잘생긴 거시기 같은 날랜 총에 맞은 게지 그가 죽자 수만 명이 몰려와 울었대나 그이 아이 업고 나타난 여자도 백이 넘고 천지사방 그득한 연서를 모았더니 기막힌 시집이 되었대 눈물 나게 웃기는 얘기야 대책 없는 사내였어 허나 날 때린 적은 없었어 주야장창 귓바퀴만 핥아댄 신사이긴 했어 아 그리운 사람아

그해 2월 네바강은 웅웅 울고

단기 쌍팔년 강원도 깡시골 이발소에도
풍년초에 그을린 푸시킨의 누런 언어가
양조장 영감 큰기침처럼 걸려 있었답니다

- 삶이 그대를 속일지라도
  슬퍼하거나 노하지 말라

10년 후 할머니 앞세워 들어간 그 이발소
장기 두는 양조장 영감께 월사금 변통해달라고
울며 빌어도 요지부동 어흠! 큰기침만 찌렁거리고
푸시킨의 말은 명치 끝에 싸아 새겨졌습니다

- 설움의 날을 참고 견디면
  기쁨의 날은 오고야 말리니

50년 후 찾아간 쌍뜨뻬째르부르크, 역설의 도시
2월 네바강은 얼음 뼈로 웅웅 울었고
아내를 탐한 사내에게 냅다 결투 신청했다가
외려 총에 맞아 죽은 푸시킨은
강변 카페 그 자리에 앉아 신음처럼 뱉었습니다

〈
- 마음은 미래를 바라느니
  현재는 한없이 우울한 것

뼈 위에 세운 쌍뜨뻬째르부르크, 그 역설의 언어는
얼음 혓바닥이 되어 창문을 핥아대고
강원도 내 늙은 뼈가 푸시킨의 어깨를 감쌀 때
뼈가 된 네바강도 웅웅 울며 노래했습니다

- 모든 것 하염없이 사라지나
  지나가 버린 것은 그리움이 되리니

케이프타운 가이드 배상선은

아프리카 대륙의 거대한 젖가슴은
대서양과 인도양을 껴안고 춤추고 있었고
남극을 향해 줄행랑친 젖꼭지는
해신의 자식인 양 케이프타운을 길렀는데
이 고을에 경상도 여자 배상선이 산다

칠곡 양조장 집 딸 배상선은
술병 물고 사는 아비와 거친 막말의 계모가
게거품 물고 싸워대는 전장 참호 속에서도
귀 막고 책만 읽어대는 기술을 터득했단다
김찬삼의 세계여행은 수도 없이 읽었고
언젠가는 훌쩍 그녀 이름 배 타고, 아예
떠나리라 떠나리라 다짐하며 살았단다

15년간 국어 교사를 했는데
괴물처럼 변해가는 교육 현장을 보고
이건 아니지, 이건 아니야 신음하다가
남편의 신통치 않은 사업도 정리하여
만델라, 무지개, 희망봉 같은 말을 되뇌며
아이 둘 데리고 미련 없이 왔다는 것이다

〈

떠나온 지 13년, 가이드 생활 7년째
아버지 무덤도 못 봤다고 했다
눈시울에 달맞이꽃 그림자가 일렁거렸다
딸은 취업하러 한국에 갔다가
아프리카 대학도 대학이냐는 빈정거림만 안고
되돌아왔다고 웃었지만 목소리는 흔들렸다

하늘 향기를 물고 쏟아져 내린 별들이
매운 물안개 되어 출렁이는 테이블마운틴에서
억센 바람의 샤우팅에 머리채 흔들다 보면
답답한 심사도 스러진다고 말하는 배상선은
행복도 불행도 벗고 사는 몸짓이었고
넉넉한 것도 아니고 초라할 것 더욱 없는 뒤태는
케이프타운의 모습과 그저 딱이었다

조지아 프롤로그

탁류로 흐른 칠십 평생
송장메뚜기 뜀박질만큼 속절없고
부질없다 퍼뜩 느껴질 때
삐걱대는 관절이 툭 내뱉은 노래

조지나 뱅뱅
조지나 강산에

봄비 꽃비 맞으며 울며불며
피리 불며 다니던 여자
조지화라 이름했었지, 아마
늙은 무당이 버리고 간 그 여자
새벽 꿈결 찾아와 읊은 말
얼룽 한번 댕겨오서유, 조지아

그리하여 자근대는 곳불과
자글거리는 울화병을 움켜쥐고
절룩이며 허청대며 가랑거리며 조지아
카즈베기 그 서러운 이마빼기와
날카롭게 마주하게 되었다는 사실

〈
정녕 알랑가 몰라
프로메테우스 그대는

조지아 에필로그

조지아 카즈베기 설산
허리 껴안고 홀라춤 추던 안개
꿀럭꿀럭 빗줄기를 토하네
프로메테우스에게 갈기던
제우스 오줌발 같은

오줌발 뒤집어쓴 암캐 한 마리
안개 장막 자근자근 물고
내 앞에 벌러덩 드러눕네
벌건 젖꼭지 날카롭게 세우고
눈물 그렁그렁 나를 보네
마음대로 해보라 울먹이네

구다우리 전망대 바닥은
판도라의 딸 휘라가 펼쳐놓은
구릿빛 전설로 번들거리고

꿈속에서 만난 무당의 딸
울며불며 피리 불고 다니던
그 여자 조지화가

옷고름 풀고 나를 보네
벌건 젖꼭지 날카롭게
세우고 나를 보네

화진포 풍경처럼

 아마 스물세 살이었을 거야 서른 즈음 여자 손에 끌려 밤새도록 달려간 화진포, 황금물결 찰랑댄다는 이 시스터즈의 노래는 뻥이었어 진종일 장대비는 소주병을 때렸지 여자는 철컥철컥 지포라이터를 켜댔고 자줏빛 입술로 튕겨내는 도너츠 연기는 감전된 날개로 부르르 떨다 빗물 범벅 내 장발머리에 작별같이 우수수 떨어졌지 그냥 포말로 스러지고 싶었어 화진포 풍경처럼

 이십 년 후 죽어나보자 스며든 화진포에 영사기 필름처럼 불쑥불쑥 나타난 환상, 김일성 별장 계단에 김정숙이 딸 경희를 안고 있지만 다음 해에 죽네 이기붕 별장 솔밭에서 어미가 식모였던 강릉 박마리아가 세 남자 사이에서 까르르 웃고 있네 다음 해 아들 총에 모두 죽네 이승만 별장 뜨락에서 프란체스카가 홀로 독일 노래 부르네 한복 저고리 꿰매듯 늙음도 꿰매며 살던 비엔나 여자, 하얀 늙은 번데기로 스러지네 유치한 유서도 진홍 노을로 스러지고 마네 화진포 풍경처럼

 또 이십 년 후 가을이 쟁그랑대던 날 아내와 며느리 손녀를 태우고 찾아간 화진포, 늙은 아내는 관절통을 가

득 씹으며 검어지고 젊은 며느리는 봉실대는 수평선 꽃구름 보고 발개지네 괜스레 겁이 나네 손녀가 아장아장 유치하게 걸어가네 황금모래 즈려밟고 걸어가네 고운 파도 이파리들 하얗게 몰려와 촤르르 박수치네 구름 양탄자 타고 둥실 떠나고 싶네 좋아죽고 싶네 미친 화진포 풍경처럼

회귀촌(回歸村)

 마른 소똥처럼 납작집 몇 채가 게으르게 엎드린 산촌, 안개 속에 목관(木棺)이 닻을 내리고 성형외과 의사가 산자락 삼겹살 속으로 박혔다 콧날 예쁜 여자가 눈물범벅으로 돌다리를 건너간다 천둥 울고 비 내리면 그 의사는 미끈한 육수(肉水)로 녹아내려 물푸레나무 뿌리에 진한 비타민을 바르고는 돌 사이로 흐르는 즐거운 노래가 되었다가 산자락 발톱 틈새 어린 물고기를 키우는 맑은 젖이 될 것이다

 기어이 연어가 돌아오는 산촌, 개울가 큰 소똥 그 떡집에 춘자가 목에 잔뜩 주름을 새기고 돌아왔다 여고시절 밴드부로 또 여군에서 십여 년 줄창나게 나팔만 불었다는 그녀가 왔다 저녁놀이 곱거나 부슬비가 내릴 때도 구깃구깃 갱년기를 한 손에 움켜쥐고 찬란하게 터뜨리는 춘자의 트럼펫―, 노랑 꽁지머리 아들은 또 오토바이 페달을 부릉 밟아댄다

 어느 날인가 산자락 가까이로 공공칠 가방을 든 사내도 스며들었다 뉴욕 뒷골목에서 틀니를 깎았다고도 하고 콜로라도 어디에선가 푸른 달빛에 젖어 배추 꼬랑지

되어 잠들기도 했다던 그 사내, 얼굴에 죽음을 구두약처럼 덕지덕지 묻히고 왔다 솔잎이랑 얄궂은 푸성귀만 먹고 그냥 하늘만 쳐다보고 산다고 했는데 매일 밤 그의 속살은 고운 육수로 빚어지고 있었다 노랑 고무신 내 첫사랑이 떡을 빚는 달무리 고운 그 밤에도

 단풍이 서리 발라 더 고운 날 마침내 연어가 만삭이 되어 돌아왔다 아! 보석처럼 쏟아내는 반짝이는 생명 조각 그리고 DDT처럼 쏘아대는 수컷의 분사噴射, 속옷을 헹구다가 춘자는 눈부시게 늘씬 트럼펫을 불어댄다 겨우내 얼음장 밑에서 도란도란 공공칠 사내의 수액을 먹고 자란 연어는 감꽃이 지천으로 자욱하게 뿌려지던 날 초록빛 추억을 물고 사춘기처럼 집을 떠날 것이고 꽁지머리도 낯선 항구를 향해 돛대 높이 올리고 부르르릉 페달을 밟을 것이다 결국 돌아가고 돌아오는 산촌에서

하얀 손 바퀴벌레

긴급조치 1호가 발동된 캠퍼스에
박희, 4차원 그녀가 등장했다
오드리 헵번 스타일 미소를 장착하고
휴학 7년 만에 나타났다
금세 붙은 별명은 바퀴벌레였다
바퀴벌레가 뜯어 먹던 책은
존 스타인벡 '분노의 포도' 원서

호텔 로비에서 줄담배 태우며
미국 놈과 자주 쏼라쏼라한다 했다
큰오빠가 4.19 영령이라고도 하고
큰스님 속가 딸이라는 둥
중앙정보부 프락치라는 둥
바람 같은 황량한 소문은
무수히 출몰했다, 바퀴벌레처럼

답답한 시국을 앓는 가슴들이
호남선 술집에서 쏟아낸 난투를
탱탱한 젖가슴 날려 뜯어내고
손수건 꺼내 코피 싹싹 닦아주고

핸드백을 확 열어젖혀
말보로 한 갑 쫙 뜯어
우리들 입 하나하나에 다 물리고
불까지 댕겨주던 하얀 손 바퀴벌레

일흔 훌쩍 건너 팔순 다리 언저리에서
고독한 고목에 귀를 걸고
늙은 눈 물안개로 짓무를 바퀴벌레
내 빨가벗고 목욕할 때
가끔 기어나오는 늙은 그 바퀴
몰라, 내 사랑 박희 누님일지도

기억제(記憶祭)

오래전 허공으로 날렸는데
간질 게거품처럼 다시
스멀스멀 기어나오는 기억
부석부석한 서른 살 임부가
만삭을 껴안고 산촌으로 온다
겨울밤 생살을 찢고 날뛰던 산통은
바람벽을 뚫고 날아가
마른 가지에 걸려 몸부림친다
여섯 살 내 그림자는
등잔불 저켠에서 바르르 떨고
할머니의 실루엣만 가쁘다
비릿한 액체가 발바닥에 미끈거려
참았던 울음을 꿀럭꿀럭 토할 때
엄마는 기어이 사산으로 끝을 냈다
새벽 퀴퀴한 어스름 속에
여섯 살이 마주친 그 무엇, 죽음
아무도 울지는 않았다
할머니는 호미를 챙겨 들고
아장걸음을 끌고 새벽을 털며
불룩한 망태를 지고 나갔다

엄마는 가슴 풀어 젖을 짜고
깡마른 내 손을 끌어 마시라 한다
퀭한 눈망울의 애원이 무서워
부들부들 사발을 드니
둥둥 떠 있는 그 무엇, 죽음
그만 사발을 놓치고 엉엉 운다
엄마도 꺼억꺼억 운다
문풍지가 부르르 무섭게 떨었다
기껏 두 평 공간에서 생긴 일이다
60여 년 전, 그 처절한 살풀이로
삶의 고비마다 가시덤불 치워준
내 뜨거운 핏줄 세 여자는
아, 구천 어드메쯤 가 있을까
나 또한 뿔난 도깨비 되어서라도
휘영청 달 밝은 밤에 다시 만나
울며불며 얼싸안고 춤추고 싶어라

오, 인디라!

 30년 전일게야 인도 시골엔 똥간이란게 없어 사타구니 움켜쥐고 채마밭으로 달려 갔지 소똥 땔감 빚던 처녀가 구릿빛 엉덩이 까고 막 황금바나나 낳고 있었어 맙소사 그 처녀 생글생글 웃으며 손까지 흔들었어 나도 소총 잠금쇠 풀고 거총 발사하며 즉각 그녀 이름 지었어 오, 인디라!

 내 오줌 흘러흘러 인디라 황금똥 감쌌으면 좋겠구나 생각한 순간 숫공작이 화려한 날개 쫘악 폈어 암공작은 똥 싸고 있었을 게야 세월 흘러 꿈속에서 인디라 똥 누고 있었는데 내 베갯머리 눈물에 젖고 며느리 임신 소식 들었지 나 홀로 태명 지었어 오, 인디라!

 자청해 인디라 돌보는데 도무지 똥을 안 싸서 할망구랑 애태웠어 닷새 만에 우리 인디라 똥 쌌다고 소리치길래 우르르 들어가 변기통 들여다 보았어 옛날 인디라가 낳았던 바나나 같은 황금똥이야 나는 울며불며 고래고래 소리질렀어 만세 만만세 오, 인디라!

정난주 마리아의 독백

이보시오 미사리 사는 심 영감
내 친정 마재와 가까워 참 반갑소

약자 현자 울 아버지 묘소
덤불 헤쳐 찾아갔다니 참 고맙소

약자 전자 손암 삼촌 약자 용자 다산 삼촌
늘 염두에 두고 있다니 또 고맙소

약자 종자 천진암 삼촌 하늘 보며 칼 받은 진실
곱새기고 사신다니 또한 고맙구랴

내 서방 황사영, 갈가리 찢긴 내력과
바티칸의 그 백서는 이젠 말하지 마시오
마시오

대정 하늘 진홍 노을은 추자도에 던지고 온
두 살배기 아들에게 어미 가슴 찍어 쓴 편지요
잘 보시오, 잘 보시오
잘 살펴 돌아가시오

은밀한 전설

페루 티티카카 언덕에서
은밀한 달빛으로 자란 감자 한 알
어느 날 실크로드를 걸어와
태백산맥으로 스며들었더라

강원도가 온통 감자바위 되더니
삼척 미로 땅에서
미련한 심밤중이 생겨났고

놀라워라, 그 은밀한 전설은
밤마다 감자꽃 향기로 번져
지게에 시를 싣고 가던 심 아무개
발자국에 내려앉았더라

세월 흘러 마침내
찌그러진 시인 하나 태어났고
우습게도 그 시인 이름
심봉사 더하기 5라고 전해지더라

지금도 그 전설은

삼척 땅 감자꽃밭 어딘가에
푸른 달빛에 젖어
은밀히 숨 쉬고 있다더라

3부.
우리들의 축제

할배의 육아전선(育兒戰線)

베이비시터 결사반대한 죄가 있어
하릴없이 백수 할배가 손녀를 돌본다

오늘도 이쁜 포로와 대치 상황
어린이집 안 가겠다고 또 앙탈이다
된장국에 작신작신 밥알을 굴리니
인형 같은 입 앙다물고 만다
짹짹짹 황금빛 주둥이의 강렬한 칸타타는
그냥 새들의 노래일 뿐인가
뽀로로 숟가락을 내미니 탁, 고사리의 반격
검버섯 주근깨 쥐똥 파리똥으로 얼룩진
쭈그렁 할배의 손이 더럽다고 또 뗑깡이다

패주고 싶냐고
천만에 천만에 만만의 말씀
어떻게 얻은 내 똥강아지인데
허허 고것 참 귀여울 뿐이야
똥 모양도 어여뻐라 가끔 구경하지

연식(年式) 이슥한 몸에서 5년 만에 얻은 새끼야

예수님께 빌고 성모 마리아님께도 빌었어
포르투갈 파티마 성당에서 빌고
러시아 성 이삭 교회에서도 빌었어
갠지스강 붉은 노을, 이집트 그 허적(虛寂)의 사막에서도
가슴을 갈아 뿌리며 빌고 또 빌었더니
마침내 연둣빛 잎새로 입덧을 알리고는
함박눈 포근한 날 으앙 찾아온 내 똥강아지인 게야

소가죽 타령

앞산 그리메 일렁이던 두 눈
초가집 대들보 같은 등뼈
음전한 두 뿔도 다 뽑히고
빈 껍질 소가죽 되어 떠나네
만장처럼 펄럭이며
기럭기럭 울며 떼지어 떠나네

날아가다 어떤 쪼가리는
거룩한 말씀 담아 눕고
어떤 껍질은 둥둥 북 되어
하늘로 솟는 영혼으로 우네
어떤 가죽은 전장의 군화 되어
잘린 발목을 담아 길길이 뛰고
어떤 쪼가리는 샹젤리제 거리에서
샤넬 공주로 참 요염하네

바람 같은 껍질이 되어
바람 같은 인생을 닮고 마네
히틀러의 번쩍이는 장화같이
미친 지랄이기도 하고

마릴린 먼로의 빨간 하이힐처럼
해거름 진홍 노을이기도 하네

망명(亡命)

모란꽃 찢어 내 코에 붙이고
꼬꼬닭 만들어 까르르 웃던
열네 살 막내 고모
산너머 20리 심부름길
이고 오던 석유병 파싹 깨고
할배 지게작대기에 죽을 것 같아
도로 수고재 넘어 무작정 도망쳤다지

미카 기관차는 고모를 끼고 달려
청량리588 옆구리에 던져놓았을 터
내 가슴에 화인으로 찍힌 여린 등짝
어찌 살았을까
어느 망명지에서 살아갔을까

똥도 타일러야

빨랑 나오라
윽박질러도 소용없다
똥도 타일러야 한다
생각할 시간 주고
조근조근 타일러야 한다
허리병 도져보니
또 깨닫는다

세상 이치도 그렇다

깡패 추위에 북한강은

깡패 추위에 지난밤 북한강은
짱짱한 얼음장 밑에 몸을 숨겼네
우선 살고 볼 요량이어도
불같은 성깔에 체면 말이 아니네
굶주린 왜가리 한 쌍 내려앉아
망연자실 깨끼발로 동동거리다가
아침 햇살 쪼가리에 부리만 벼리네

간헐적으로 솟는 둔중한 소리 있어
종종걸음으로 강변을 오르명 내리명
송곳 바람에 귀를 걸어보네
배꼽 밑 양수 꿀렁거림 같은 소리
가끔은 고래 등 터지는 소리
혹은 에밀레종 갈라지는 소리 같은

생선 뼈처럼 오소소한 풀더미가
은밀한 사연 소곤소곤 일러주네
저건 알몸으로 갇힌 달빛의 울음이고
저건 미리내의 몸부림이라 일러주네
먼 옛날, 그림 같이 고운 날 밤

먹감으러 그스기 스며들었다가
불끈대는 북한강 다리에 감겼다네

달빛은 잉어 붕어를 낳아 기르고
미리내는 쉬리 빙어 낳아야 한다네
매양 물결로 부서지는 울음이지만
칠성판 같은 얼음 깔리는 날이면
하늘 어미를 부르며 운다네
몸부림치며 떼굴떼굴 운다네

* 그스기 : 몰래, 그윽이(古語)

우리들의 축제(祝祭)

칼바위 능선 그 아찔한 높이에 서면
날개 접힌 흰 갈매기의 추락을 본다는 당신,
여태껏 바다인 줄 알고 살았는데
깊은 산 아득한 절벽에 이마를 부딪칠 때
비로소 비릿한 백혈(白血)의 낭자(狼藉)를 핥고는
처음으로 크게 울었다는 당신,
비누에 붙은 머리카락처럼 일상은
처절한 순간에도 언제나 함께합니다
배꼽티에 머리칼 세우고 대학로로 내뺀 딸년
칠칠맞게 팽개친 생리대도 슬쩍 치워야 하고
신경질 나게 껌벅거리는
형광등도 고쳐야만 됩니다
쓰러진 아버지의 비석 바로 세우는 것도
다 우리의 몫입니다.
하지만 오늘 깡그리 모두 잊고
우리들의 축제에 갑시다

봄 햇살이 넌출지고 방울져 흐르는 진달래 능선
굽이돌아 외지고 펑퍼짐한 그곳에
똥개 혓바닥처럼 넙죽 엎드린 햇볕

그놈의 엉덩짝 걷어차고 큰 멍석 댓장 깔아
우리들의 축연(祝筵)을 마련합시다
춘정에 겨워 암내 풍기며 질펀히 늘어선
꽃년들의 유혹에 너무 머뭇거리지 마시고
허위허위 곧장 올라오서요
꽃길 따라 꽃상여 메고
아직도 가야 할 길이 있다고
어기영차 올라온 산자락 4.19번지 청년들
오늘은 여기서 놀다 가겠다고 합니다
텍사스 사는 아가씨도
뒤쫓아온 붉은 코 아줌마도 비집고 앉았는데
말릴 수는 없었답니다

마당바위 너른 반석에 제상(祭床)을 차립니다
살매기에 내장 뜯긴 학꽁치도 올리고
맥반석에 떼굴 굴린 오징어도 놓고
배받이 보신탕 아바이 순대도 기꺼이 놓습니다
조율이시 좌포우혜 홍동백서 다 무시하고
까짓거 질펀하게 차립시다
축제가 시작됩니다, 호두기를 부십시오
인품 좋은 구상 시인 눈물 글썽 축시 낭송
입담 좋은 백기완 선생 비분강개 축사하고
김일 선수 박치기처럼 뻘떡 일어나
'자, 축배의 잔을 높이 듭시다'

일배 일배 부일배(復一杯)
꽃나무 가지 꺾어 수놓고 마십시다

이승 저승 사람들 참 많이 모였습니다
이제 풍악을 울립시다요
장소팔 고춘자 이젠 늙었다고 실실 빼지만
공옥진이 병신춤 아직 볼 만하네요
조수미가 핏대 올려 판소리 창을 하고
조용필이 '오! 솔레미오' 외쳐대고
경상도 남진이 개다리 흔들고
전라도 나훈아 무시로 꺼이꺼이
패티 김은 9월의 노래
시원하게 불러제낍니다.
준구리 태권도 시범 보이고
유진박 깽깽이 들고 폴짝폴짝
김덕수 사물놀이패 쌔려라 쌔려
뚜둥뚜둥 깨갱깨갱 덩더쿵콰앙…

아, 이번엔 모두 패거리로 나갑시다.
닐니리 맘보, 탱고, 울리불리, 트위스트,
다 함께 차차차
에라이 쌍 IMF 귀신
물러가라, 물러가라, 써억 물러가라!
손에 손을 잡고 강강술래 돌아봅시다

손뼉치며, 나의 살던 고향은 꽃피는 산골
우리의 소원은 토옹일 불러봅시다
뜸북뜸북 뜸북새 부르다가
눈물겨우면 앉으셔요
휴…, 축제가 끝나갑니다
이승과 저승의 갈림길도 분명 있는 게고
우리 제각기 다른 길로 내려가야만 합니다
가는 곳도 사는 방법도 제각각이지만
아, 오늘 우리 모두 한 사람씩 용서합시다
산벚꽃 한 가지 입에 물고

* 시(詩)는 노래입니다. 23년 전 IMF 당시에 불렀던 노래인데 다시 한번 불러봅니다. 당시 개인적으로도 예기치 못한 사고로 심신이 몹시 아팠던 43세 무렵의 노래입니다.

독도의 가을

아마도 지금쯤
동해의 상공에 만개한 가을은
뱃전을 붙들고 선 어부에게
그것도 강원도 두멧골 어부의 가슴에
비린내보다 진한 향수로 익겠다

가을의 지극한 높이로
동천(冬天) 갈까마귀를 기다리는
마지막 한 개의 홍시처럼
푸르디푸른 물결에 둥실 뜬
울어 다 못할 진부령 낙엽이겠다

그래서 동해 저켠으로
고향 뒷산 알밤처럼 튕겨진
조국의 땅 독도에도
반도의 가을을 차마 못 잊는
해조음보다 더 애끓는 노래가 있겠다

반도의 가을이 빗기어가는 독도에
목젖을 울리는 향수가 감돌고

낙엽으로 허공에 솟는
갈매기의 애처로운 몸짓이 있겠다

달아오른 어부의 설레는 가슴은
독도의 상공에 만개한 가을이겠다

늙은 시를 엮는 일은

새까만 사북탄광 갱도를 닮은
소장 박정희의 군화를 찾아
금정산성 막걸리 그득히 부어
니캉내캉 한 짝씩 마시는 일이다
어깨동무하고 태종대 앞바다에
오줌 세게 갈겨보는 일이다
허둥지둥 바지춤 대충 올리고
끼룩끼룩 우는 갈매기를
휙, 매미채로 낚아채는 일이다
노릇노릇 갈매기살로 구워
동천 바람찬 가지에 바들바들
걸려 있는 별들에게 내미는 일이다
이틀간 버둥대다 숨을 거둔
반 고흐의 붉은 눈망울과
적십자 병원 낡은 침대에서
흔들던 이중섭의 하얀 손짓도
아른아른 기억해야 할 일이다
이 시대 늙은 시를 엮는 일은
낮도깨비 몽정같이 허허로운 일이다

그대 푹 잠들게 하리

화천 파로호 근처
농막 지으려 땅 고르니
낡은 정강뼈
툭 솟아 우네
지나가던 바람 멈칫
훅 울고 가네

짐승 뼈라고 인부는
거듭 이르지만
땅 껍데기 치밀고 솟는
북소리 징소리 총소리
낭자한 절규
딸 부르는 외마디

장대한 스님 하나 불러
큰 목탁 청정 목청으로
그대 잠들게 하리
그대 푹 잠들게 하리

동백꽃

참 뜨거웠네
매미 울음 구름을 사르던 날
부곡리 가마골 황사영 봉분 펄펄
여름 몸살 앓고 있었네
지글대던 비석도 동백꽃 붉은 언어로
그날 얘기 도막도막 뱉었네

그날 해거름
능지처참 서소문 저잣거리
홍건한 내장과 붉은 살점 낙엽 안고 꿈틀거리고
소복 입은 미친 여자
아이 업은 그 아낙만 희한한 노래 부르며
까마귀 떼 날리고 있었다네

참 맑았네
오늘, 서귀포 대정 동일리
정난주 무덤가 동백꽃 숲 빼꼭빼꼭 미치도록 붉네
땅에선가 하늘에선가 뭉글뭉글 흐르는 노래
늙은 길손 허한 가슴 동백꽃으로 붉게 채우네

〈
알렉시오 마리아 알렉시오
마리아 알렉시오 마리아
내 사랑 마리아 알렉시오

콩밭

재 너머 쟁골 콩밭 가에
할머니가 긴 세월을 베고
삼베 적삼으로 누워 있습니다
때죽나무 꽃잎이
수제비로 툭툭 떨어지면
할머니는 오물오물 입맛을 다시며
콩꽃으로 벙그레 일어나
콩밭 사연을 노래할 것입니다

칠월 염천 콩밭 고랑에서
달팽이처럼 몸 비틀다가
울 아비를 미끄덩 낳았답니다
낫으로 탯줄 자르고
적삼 벗어 싸 안고 오는데
갑자기 소나기가 억수로 쏟아져
온몸 구부려 감고 왔다는 얘기는
우리 할머니 단골 노래입니다

허나, 콩밭 근처 어디에다
손주 셋을 묻었는지

조심스레 두어 번 물어보아도
절대로, 절대로
오므라진 입은 열리지 않았습니다
흐릿한 시선을 허공에 띄우고는
날 업어 주시던 남루한 등짝
그 쉰밥 같은 냄새 한줌 떨구고
너울너울 콩밭께로 걸어갔습니다

가을비 밟고 길상사에 가면

그대, 생각이 많고
가을비 밟는 길손이라면
성북동 길상사에 가볼 일이네
삼백 살 느티나무 늙은 가슴에
가난하고 진실한 귀를 걸면
주름진 나이테를 비집고 나오는
죽은 피 같은 넋두리 들을 것이네
주지육림 삼백 기생들의
노랫가락과 자지러진 웃음 뒤켠
신음 같은 소리 기어이 들을 걸세
따귀 맞는 소리, 옷 찢는 소리
그리고 헛구역질 입덧 소리까지

축축한 가을 가슴으로 걸어가면
우연처럼 마주치는 관세음보살
화관을 쓰고 정병(淨瓶)을 안고 있네
허나, 믿음의 그대 눈으로 다시 보면
성모 마리아, 하염없이 기다리고 있네
험한 파도 헤치고 오시느라
은갈치처럼 아주 납작해지고 말았네

촐촐히 가을비 맞으며
오직 그대 위해 울고 서있네
대원각 요정 옛 마당에 서있네
가을비 내리는 날, 그대 길손
성북동 길상사에 가볼 일이네

맑고 향기로운 풍경 하나

가을이 짜랑짜랑 여물어가는 해운대 저물녘 모래톱에
서늘한 눈매의 사내와 콧날 단아한 처녀가
옥판선지 그림으로 스며들고 있다

잿빛 장삼 너울너울 흰 머리수건 나폴나폴
그윽한 언어는 윤슬로 흐르고

이토록 향기로운 수필과 그토록 맑고 고운 시가
서로의 어깨를 내주며 해조음 가락에 물들고 있다

해운(海雲) 최치원의 노래는 불그레한 노을이 되어
법정 박재철과 해인 이명숙의 어깨를 촉촉이 적시고
는, 함께
해인삼매 그 화엄한 풍경이 되는구나

오징어

한때는 동해 속살을 뚫고 다니는
이쁘디이쁜 꼬마 미사일이었어
수천수만 찬란한 미사일 떼거리였어

비린내 자욱한 포구 바닥에서
화약과 배터리가 적출되는 순간
깡마른 바람의 영혼은
들썩이는 어깨를 안아주고는
접신처럼 깃들었지

수많은 종류의 바람을 타고
방망이 수류탄 같은 소주와 손잡고
죽은 자와 산 자의 가슴을 열어봤어

목이 메어 마른 몸 다 찢어주고
허한 바람으로 돌아섰지, 뭐

지천명(知天命)

쉰 나이는 지천명이라며
이제 하늘 뜻도 이해한다고
거들먹거리던 사내의 어깨에는
어느덧 하현달이 내려앉아
매일매일 제 살을 깎고 있었지
나이는 숫자에 불과하다고
흰소리 토하던 사내의 얼굴에는
낡은 건물 벽체가 게워낸
늙은 철근 핏자국 같은 그림자가
스산한 바람으로 일렁이고 있었지
초등학교 동창으로 짝을 맞춰
꺼이꺼이 불러대던 노래방엔
매미 피울음 같은 욕정이
말라가는 가슴 들먹이긴 했지만
행복한 순간이라 말할 순 없었어
성난 뼈들을 밀치며 다다른
지천명의 다리 위에서 우리는
공자의 말씀 다시 새겨야 해
子曰, 五十而知天命
오십에 천명을 훤히 통달했다는

오만하고 시건방진 말이 아니야
사람으로서 어찌할 수 없는
운명이 있음을 알았다는 게야
인간의 한계를 깨달았다는 게야
진솔하지만 처절한 고백인 것이야
하여, 인간 나이 쉰이란
돌아보고 갈길 헤아려야만 하는
고갯마루에 서 있는 처연한 그것

비구상

까르르 아기 예수
아다지오 b단조 연주하네
모차르트 맨발로 누워
콧구멍 파네
귀 후비네

허균은 장작 세게 패네
팽그르르 한 개비
용상에 그만 따앙
제우스 구름밭에 오줌 누네
쏴알쏼 되게 갈기네

공옥진은 목마 타고
체머리 건들건들 떠나가고
에디뜨 삐아쁘 꿀럭 기침하네
나비 떼 울음소리
난분분, 난분분

4부.
새벽안개 헤적이며

연가(戀歌)

그대는
억겁 광년(光年) 바람으로 흐르다가
새벽에 뜨는 별이 되었다

그늘진 산자락
지심(地心)의 탯줄 잡고 모질게 자란
나의 생명수(生命樹)에
이슬처럼 그대 별빛이 열리면
쥐라기 짝 잃은 시조새의 사랑 노래로
또 하나 나이테를 새긴다

천강(千江)을 비추는 달로 생기지 못해
꼬리 더욱 긴 그대 별이여!

안개 자욱한 날 그대 가슴
분홍빛 새벽을 적시면
나 또한 속살 태우는 몸부림으로
아프고 질긴 노래가 되리
영겁으로 흐르는 노래가 되리

새벽안개 헤적이며

오디빛 장막을 찢고 탁한 새벽안개 헤적이며
깊은 산 약수터를 찾는 일은

울음 머금은 땅을 쓰다듬는 일이고
시 속으로 걸어 들어가는 것이다
신화의 치맛자락 들춰보는 일이고
죽음의 속살을 엿보는 것이다
우주의 속삭임을 엿듣는 일이고
밀쳐낸 추억을 헤집어보는 것이다
주저앉아 울고 있는 나를
어깨 두드려 일으키는 일이다
파란 무속이 촛불을 끄고 있다
맵싸한 불꼬리는 새벽안개를 찍어
푸른 작두날에 살아올라
신화를 노래하며 너울댈 것이다

꼭두새벽 요요한 장막을 밀치고 탁한 안개 헤적이는 것은
  요단강 저편 노래도 듣는 일이다

팽이치기

수꾸대비 안경 쓴
마른버짐 칠갑이 팽이
비실비실 죽고 또 살고

긴 콧물 흔들흔들
무념무상 자꾸 돈다
댕그렁댕그렁 절간 풍경처럼

치켜든 엉덩이엔
두 개 왕보리개떡
넝마 안경으로 실실 웃고

지나가던 건들바람
똥침 한 방 꾹 찌르니
까르르 감꽃 두어 개 툭툭 지고

고향의 초파일

음력 사월의 내 고향에는
왜 그렇게 지천으로 흐르는 꽃이었는지

꽃 따라 꽃 밟고 가는 구방사 길엔
누님의 수줍은 소망이
분 내음으로 곱게 아롱져 깔리고
신라 여인의 천 년 미소가
서리서리 풀어지던 고향의 초파일

음력 사월의 내 고향에는
또 왜 그렇게 지천으로 흐르던 사랑이었는지

연기 없이 타 내리는 저녁놀 꽃 그림자에
서로의 가난한 가슴을 지펴서는
한 개씩 출렁이는 사랑을 들고
모두 영원으로 떠난 고향의 초파일

차라리 웃음으로 타는 그리움으로
차마 못 태울 정염으로
이제는 내 가슴 저 깊은 곳에서
하늘로 맞닿는 불길로 솟느니

고향의 바람은

수수깡 안경을 쓰고 팽이를 돌리던 시절
귀밑 마른버짐을 간질이고
질펀한 개구리알에 미끄러지던 바람은
그만 내 가슴을 치고
가오리연에 매달려 머얼리 사라졌었지

종로에서 헤매던 바람은
면사포 위에서 건들대기도 하고
미망인의 어깨에 흐느낌으로 내려앉기도 하다가
맹인 부부의 기타 줄에 튕겨져 나와
아스팔트에 얼룩진 쥐새끼의 시신에
존 덴버의 노래를 뿌리고 있었어

어느 날 서울역 노숙자의 퀭한 눈망울에
한가로이 고향의 그림을 그리고 있다가는
물푸레나무처럼 모질게 자라난 나를 따라와
이삿짐 라면박스 위에서 춤추기도 하고
한숨 번지는 가계부에 뒹굴다가
바겐세일 광고지로 접은 비행기를 날리던 고향의 바람

한가위라 휘영청
그린벨트 변두리 동네에도 달은 뜨고
고향처럼 풀벌레가 지잉징 울던 밤
망우리역을 떠나는 영동선 기차 소리에
바람은 서럽게 눈을 비비고
고향길로 뚫린 내 가슴을
살포시 어루만지고 있었어

나목(裸木)

부르르, 나목이 삭은 볕살을 털고
영혼마저 마른기침으로 이울면
양명한 양구 땅에 가볼 일이지
동굴같이 어둑한 박수근 미술관에서
박제된 나목의 가슴을 삐걱 밀고
1952년 즈음의 나이테를 뽑으면
'시네마 천국' 같은 화면이 펼쳐지고

미군 PX 점원인 스물두 살 박완서가
검은 얼굴이 그려진 머플러를 들고
눈 흘기며 쫑알쫑알 쪼아대고 있지
39세 박수근이 꾸부정하게 몸을 낮추어
다시 그려주겠다고 더듬더듬 말하지

그런데, 어라
매일 명동을 걸어가는 사이가 되었네
장구 치고 춤추는 장난감 침팬지를 보고
까르르 넘어가는 그녀 모습이 좋아
박수근은 태엽 한 번 더 틀어달라고
머리 조아려 쭈뼛쭈뼛 부탁하네

〈

727 다방, 늘 그 자리에 앉네
생글생글 꽁냥꽁냥 말하는 박완서
'로마의 휴일' 오드리 헵번 같았고
스리슬쩍 두툼한 귀를 내미는 박수근
그레고리 펙처럼 부드럽고 점잖았어
가뭇한 포성에 흔들리는 처녀의 눈빛
중후한 눈빛이 꼬옥 감싸주고 있었어

가슴 속에 생겨난 바알간 불잉걸
박완서는 마흔이 되어 소설로 토했고
박수근은 누르고 눌러 그림 속에 묻었네
영화 같은 1년 남짓의 노래는
꼭두서니 빛 풍등으로 날아갔지만
두 개의 별은 서로를 높여 반짝이네

벌초

부릉부릉 저만치
풀을 처형하네

까르르 풀은
내장 터뜨려 춤추고

알싸한 푸른 피냄새
오장육부 간질이더니
똥침 주고 떠나네

가을 가슴 들쑤시며
하늘로 싱긋 걸어가네

찬란하게 서러워라
진초록 육회 사육제는

만월(滿月)

가녀린 초승달
사내 뭇별 뾰족한 입술로 다투어 핥아대더니

기어이 팔월공산 화투장처럼
만삭이 된 보름달

밤안개 깔고 누워 비릿한 신음으로 뒤척이다
새벽이슬 양수로 흘리고는

이른 아침 나팔꽃 몇 점 낳고 또
차례차례 만상을 낳더니

가마귀 울음 물고 아스라이 스러지네
만리장공 어드멘가

성묘

땟국 보자기 쓰고 총총 걷던 울 할머니
한 줌 얼굴 가랑잎 몸피
늘 바람에 간당거리고

제사 가자미 부엌 문지방에 썰어
제비 주둥이 날 먹이고
머리 깨지면 막장 바르고
손 베이면 코 풀어 바르고
벌 쏘이면 오줌으로 발라주던

올해 할머니 넝마 등짝엔
고사리 할미꽃 너덧 송이

할미꽃 꺾어 귀에 걸고
고사리 꺾어 입에 물고

산 메아리 뻐꾸기 울음
꽃물로 흐르고

앗소

삼척
된장 같은 말이다

홍시 하나
툭 떨어지면
정한 낙엽에 받쳐
고개 돌리고

앗소

짝사랑

상처 많은 열다섯 가슴에도
일렁이는 봄 향기는 스며들어
열 살 연상 그 여자 짝사랑했네
그리 예쁘진 않았지만
건네는 눈길이 슬프고도 부드러워
그녀를 맴도는 똥파리 몇 마리
파리약 칙칙 뿌리고 싶었어

박인환의 '목마와 숙녀'를
통째로 달달달 암송하는
버지니아 울프 같은 파리한 입술은
그만 여린 내 심장을 핥고 말았지
술병에서 별이 떨어지는 것 같았어
나도 기꺼이 그녀의 나라에서
작은 숨결이거나 맥박으로 살고 싶었어

일흔 즈음 우스운 고백이지만
프랑스 대통령 마크롱 부인이
스물넷 연상이라는 사실에 탄복하다가
얼른 반세기 전의 그녀를 생각했어

이젠 검버섯 껍질 두르고 있겠지만
청춘의 모습 분명 읽을 수 있을 게야
마지막 술 한잔 나누었으면 좋겠는데

노인과 동거

그냥 늙어왔다, 아니다
각양각색 노인들이
껍데기를 들치고 들어왔다가
하나씩 하나씩 사라져 갔다
달빛 속으로
들어간 이도 있고
가을 햇살 속으로
걸어 나간 자도 있다
대체로
한 움큼의 우울을 씹거나
불면으로 뒤척이는 자였다
허 참, 빨갛게
음모를 물들인 자도 있었다
징하게 사랑하여
그자 행색을 베끼기도 했고
죽음 속으로 밀어버리려
발버둥친 자도 있었다
그래, 그냥 징하게 미워서

바람의 피

피 뿌린다 바람은
봄에는 분홍 피
숨결 낮춘 가지마다 바르고
가을에는 진홍 피
말수 줄인 잎사귀에 칠갑하고
겨울엔 하얀 피
입 다문 살얼음에 설설 뿌리다가
정자목에 머리채 잡혀
천방지축 휘둘리고 있다
웅웅 울며
엄마 엄마 울며불며

꽃무릇

범종소리 지르밟고
장삼자락 구천으로 떠난 자리
피눈물 젖은 속눈썹 하나
툭, 떨어져 바람으로 지고

죽음 실은 바람이
스쳐간 자리, 자리마다
붉은 꽃
흐느낌으로 깔리더니

가녀린 손에, 손마다
빨간 속눈썹 곧추 들고
수천수만 떼거리
피 묻은 어깨 들먹이며 우네

산(山)

산은
스스로 산의 옷을 입고
저절로 산이 되었다

안개를 걸치고
이끼로 단추를 채우며
긴 세월의 숨을 들이켰다

큰 산일수록
더 깊은 해저에 엎드려
오래 잠자던 자들이다

이제는
바람의 언어로 말하며
하늘과 맞닿은 침묵으로 선다

애기똥풀꽃

환갑 나이에 비로소 만난
애기똥풀꽃

꽃잎 폴짝폴짝 날아올라
하얀 기저귀
샛노랗게 흐드러지네

며느리 가게 간 사이
노랑 젖풀 더미에
늙은 코 대어 보네

어느 별
꽃 눈물 같은 향기
울고 싶어라
어찔한 황홀

특별대담

〈시인, 젊은 날의 초상〉
선생님 선생님, 아롱 선생님

- 심봉구 선생님과 함께

〈시인, 젊은 날의 초상〉
선생님 선생님, 아롱 선생님
- 심봉구 선생님과 함께

대담 : 문용민(고2, 문예반)
　　　정용경(고2, 문예반)

정용경 : 선생님 안녕하십니까? 매번 수업 시간에만 뵙다가 이렇게 개인적으로 만나 뵙게 되니 우선 기분이 좋습니다. 처음부터 이런 질문부터 드려서 어떨지 모르겠지만, 선생님의 별명을 '아롱'으로 알고 있는데 이것의 유래와 거기에 대한 소감을 말씀해 주십시오.

심봉구 : 예, 먼저 나 같은 사람을 탐방한다고 하니 얼떨떨했습니다. 나이로나 경력으로나 도무지 어울릴 것 같지 않아서인데, 살다 보니 별일 다 있구나 싶은 심정으로 질문에 성실히 답하겠습니다. 내 별명의 유래는 이렇습니다. 1982년도 신학기에 본교에 부임했는데, 전에는 여학교에서 1년쯤 근무했었죠. 창창한 젊음을 이 학교에서 모조리

바칠 것 같은 예감도 들고, 매일 머리를 감는 버릇도 지겨워, 하여간 뭔가 새롭게 시작한다는 의미에서 파마머리로 모양을 바꿨습니다. 이러한 머리모양과 지금보다도 뚱뚱한 모습에 학생들은 '아기돼지'라고 별명을 지어 부르더군요. 좀 화도 나고 무섭게 보여야겠다는 생각에 자주 핏대를 올리며 교탁도 탕탕 쳐대고 소리도 꽥꽥 질러댔더니 '아기공룡'으로 별명이 승격되었습니다. 그러더니 나중에는 줄임말인 '아룡'으로 바뀌어 오늘에 이르고 있습니다.

문용민 : 선생님께서는 수업 시간 중 재미있게 열강을 하시는 것으로 학생들에게 소문이 나 있는데, 그 자그마하신 몸집에서 어떻게 그런 큰 힘이 나올 수 있는지 비결을 소개해 주십시오.

심봉구 : 뭐 그리 대단한 것은 아닙니다. 하지만 어떻게 하면 수업을 재미있게 진행할 수 있을까 늘 생각은 합니다. 나 또한 학창 시절을 되돌아보면 실력이 좋다고 소문난 선생님보다는 열심히 재미있게 가르쳤던 분이 지금도 기억에 남습니다. 나도 자식이 있어 알지만, 학생 때는 스트레스 때문인지 집에서도 짜증을 많이 부립니다. 그래서 누군가 한 사람쯤은 학생들을 수업 시간에라도 즐겁게 해 줬으면 하는 마음에서 수업과 연관된 흥미있는 소재를 찾으려고 노력합니다. 열강의 비결을 말하라니 괜히 쑥스럽군요. 어거지로 얘기하자면 이렇습니다. 첫째는, 솔직히 말해서 대 경신학교 교사란 직분이 나에게는 과분합니다. 강

원도 산골 뙤약볕에서 감자밭이나 일구고 살아야 했을 처지임을 스스로 깨우치고는 정신 차려 큰 소리로 가르칠 때가 종종 있습니다. 둘째는, 무대 의식이에요. 사실 나는 연극배우가 되었으면 열망한 적도 있었는데, 교단도 흡사 작은 무대 같기도 해요. 그래서 진지한 모노드라마를 떠올리기도 합니다. 셋째는, 대학교 때 은사였던 양주동 선생님을 가끔 생각해 봅니다. 참, 이분은 한때 우리 경신학교의 교사이기도 하셨어요. 덩실덩실 춤추며 향가를 해설하시고, 단숨에 영시 몇 편을 실감나게 암송하셨지요. 어려운 고서(古書)의 내용을 알기 쉽고 아주 재미있게 강의하셨습니다. 그런 열정을 조금이라도 닮을 수 있었으면 하고 늘 생각해 보는 거죠.

정용경 : 선생님 수업 시간 중에 잘못을 저지르다가 호되게 혼이 나는 것으로 학생들이 알고 있는데 기억나는 사건이 있으시다면 소개해 주십시오. 그리고 키가 작은 학생들을 너무 편애한다고도 합니다. 혹시 선생님의 열등의식과 관계가 있는 것인지도 알고 싶습니다.

심봉구 : 이런 무례한 질문을 해대는 학생의 용기와 발랄함에 찬사를 보냅니다. (일동 웃음) 학생과 교

사의 마찰은 동서고금을 통해 끊임이 없는데 나라고 왜 기억나는 사건이 없겠어요? 하지만 교육적으로 별 도움이 안 될 것 같기에 자세히 밝히지는 않겠습니다. 그냥 전설로만 짐작해 주길 바랍니다. 하여간 그 학생은 지금은 탄탄한 회사에서 중요한 업무를 맡아 열심히 일하고 있는데, 나는 그의 성실을 믿으며 소중한 제자로 여깁니다. 그 역시 가끔 나를 찾습니다. 그리고 키 작은 학생을 편애한다고 했는데, 아주 틀린 말은 아닙니다. 이문열의 소설 『우리들의 일그러진 영웅』에 나오는 '엄석대' 같은 녀석을 나 역시 싫어하는데, 키 작은 학생을 괴롭히며 대장 행세를 하는 녀석은 정말 용납하지 않습니다. 교우 관계는 어디까지나 수평적으로 동등해야 하며 인격적이어야만 되는 법이에요. 키 크고 힘센 녀석이 양보하면 보기에도 좋잖아요? 열등의식과 관계있는 것이냐고 물었는데 글쎄, 이 세상에 열등감 없는 인간 있으면 나와 보라 그래요. 아무리 잘 생겨도 괴상한 기형적인 배꼽을 갖고 있으면 이것도 열등감이 되는 거고, 텅 빈 머리를 갖고 있으면 더욱 그렇겠죠. 하여간 키 작은 것은 누구나 갖고 있는 열등감 중, 작은 하나에 불과합니다.

문용민 : 선배님들에게 듣기로 선생님께서 교직을 선택하신 것에는 특별한 이유가 있다고 하던데, 그것을 좀 소개해 주십시오.

심봉구 : 교사가 되기로 마음먹은 것은 일찌감치 초등학교(초등학교) 시절이었습니다. 내가 자란 곳은 6.25 전쟁 직후의 강원도 첩첩 산골인데, 〈인간시대〉란 프로에나 등장할 만한 곳입니다. 개울을 건너서 높은 산을 넘고 공동묘지를 지나야만 학교에 갈 수 있었으니까요. 그 시절은 숱한 병치레와 영양실조로 걸어다니기조차도 힘겨울 지경이었습니다. 지금도 간직하고 있습니다만 초등학교 3학년 때의 생활통지표를 보면 몸무게 18kg, 키 109cm로 적혀있으니 참혹한 아프리카의 난민

아이쯤으로 생각하면 되겠어요. 그러나 기특하게도 글짓기 따위를 잘하여 선생님께 칭찬받기도 했고, 생각도 무척 깊었던 것 같습니다. 툭하면 죽음을 생각했고, 장래에 관해서 골똘히 고민하기가 일쑤였지요. 가정형편으로나 지역적으로나 농사꾼이 되어야 마땅하겠지만, 내 키보다 훨씬 큰 쟁기를 들고 뱀과 싸우며 산비탈을 깎는다는 것은 도저히 못할 것 같았습니다. 또 키가 작아 장가도 못 가고 혼자 거지처럼 살다 죽을 것이라 생각하니 더욱 슬펐어요. 그런데 어느 날 문득 감히 당치도 않은 생각을 하게 된 것입니다. 초등학교 선생님이 되기만 하면 나보다 큰 녀석은 별로 없을 것이고, 내 옆 짝인 이쁜 여자아이한테도 장가갈 수 있을 거라는 턱도 없는 생각을 한 거예요. 그러나 그 길밖에는 제대로 살아갈 방법이 없겠다고 판단하여 야무지게 마음먹었죠. 어려운 처지였지만 그때부터 공부도 열심히 해서 산골 마을의 우등생이 되었고, 훗날 어찌어찌하여 이렇게 선생님이 결국 되었습니다. 목표가 확고하면 반드시 이루어진다는 것을 체득한 셈입니다.

정용경 : 선생님께서 우리처럼 고등학교에 재학하던 시절에 특별히 기억나는 일과, 만약 선생님께서 다시 고등학생이 되신다면 무엇을 제일 먼저 하실

는지 말씀해 주시겠습니까?

심봉구 : 나는 우여곡절 끝에 중학교를 졸업하고 5년제 공업 전문학교에 들어갔습니다. 기술을 배워야 취직이 잘 된다고 생각한 아버님의 단호한 명령이었는데, 선생님이 되겠다는 나의 꿈이 좌절되는 순간이기도 했어요. 울면서 전기과에 입학했습니다. 하지만 적성을 고려하지 않고 또 맘에도 없는 공부를 한다는 것은 고통이었습니다. 이론 과목은 그런대로 적응해 나갔지만 실습은 엉망이었어요. 심한 좌절과 미칠 것 같은 생각에 인문계 학교로 다시 입학하겠다고 심하게 떼도 써 봤지만 될 법한 일이 아니었죠. 그래서 가출을 결행한 거죠. 몇 달 동안 전국 방방곡곡을 얻어먹으며 헤매고 다니다가 피골이 상접, 다 죽게 되어 집에 들어왔습니다. 그제서야 집에서도 큰일 나겠다 싶어서인지 친척들과 협의하고 또 어디다 알아보고 어쩌고 하여 다시 인문계 고등학교로 들어가게 된 것이지요. 하여간 나도 가출 전과가 있는 셈인데 청소년 생활도 파란만장했습니다. 그래서 말인데 그런 어려운 조건이라면 다시 고등학교 시절로 돌아가고 싶은 생각은 눈곱만치도 없어요. 하지만 내 아이나 지금의 우리 고등학생들도 시대적 환경 때문인지 역시 매력 없는 시간

을 보내는 것 같아 마음 아픕니다. 진학 제일주의가 팽배하고 있는데 어찌, 하고 싶은 것 제대로 할 수가 있겠어요? 정말로 좋은 시절이 오기를 바랍니다.

문용민 : 선생님께서는 대학 시절 열심히 시를 쓰셔서 발표한 작품도 많았던 것으로 알고 있는데 요즘에는 왜 많이 쓰시지 않는지요?

심봉구 : 시를 간단히 나는 '노래'라고 정의합니다. 노래는 뭐니 뭐니 해도 어려운 시절에 부르는 것이 짜릿하고 감동을 줍니다. 생활이 곤궁하고 문장에 틀이 잡힌 시절이 대학 때였는데 이 '시'라는 노래를 꽤 많이 만들어 봤습니다. 대학에 입학해

보니 두메산골 촌놈을 누가 알아주기나 하나요? 허여멀건 도회지 녀석들에게 나란 존재를 알리기 위한 방편으로도 막 불러제꼈죠. 그런데 요즘은 솔직히 그런 패기도 없고, 남의 엉터리 같은 시를 대할 때에는 유치한 노래를 듣는 것처럼 거북스럽습니다. 그러니 나 또한 남에게 보이기 두려운 거죠. 사실 이 나이 되면 노래도 아무데서나 함부로 못 부르잖아요? 아무튼 나의 성격 탓으로 돌려야죠.

정용경 : 우리 학교에서 발간하는 월간 신문인 〈경신소식〉에 오래전에 '노화도'란 시를 발표하신 것을 보았습니다. 선생님께서 최근에 쓰신 시 한 편 소개해 주시고 간단히 해설해 주셨으면 고맙겠습니다.

계곡송(溪谷頌)

산자락 그 계곡에는
이승도 저승도 아닌 노래가 있지

먹빛 침묵으로 고목은
사시(四時) 살을 갈아 이웃을 먹이고
피칠 범벅 낙엽의 어깨를 두드려

두리둥실 희한한 춤을 만들지

구름을 불러 번개로 찢어발기는
하늘 절벽,
그 절규의 심장을 터뜨려
마침내 콰알콸 쓸어내려서는
질기디질긴 노래를 엮는 거지

그래서 그 계곡엔 언제나
억년 바람의 냄새가 넘실대고

아서라
인간이란 것 도시 알 수 없는
이승도 저승도 아닌 노래가
거기 분명 있는 게지

심봉구 : 이 작품에서 나는 자연의 깊은 내면을 슬쩍 들여다본 것입니다. 인간이 살고 있는 동일선상의 공간이지만 조금만 다른 마음의 시각으로 살피면, 거기엔 전혀 다른 엄숙 장엄한 세계가 있음을 알 수 있는 것이죠. 우리가 사는 이승도, 죽음 저편의 저승도 아니면서도 서로를 연결시켜 주는 또 다른 질서의 공간으로 본 것입니다. 인간의 눈엔 비록 죽은 고목에 지나지 않았지만, 실은 비장하게도 자기 살을 저며 갈아서 또 다른 뭇 생명들을 먹이고는 춤과 노래를 만들어 내는

숭고한 의식(儀式)이 있었던 것이죠. 그런 장엄한 희생과 엄정하고 거룩하기까지 한 질서의 세계를 가슴으로 느낀 것입니다. 그리고 나는 그 계곡을 하늘로 통하는 올곧은 에너지가 용트림하는 곳으로 설정했습니다. 부조리하고 비질서적인 것은 여지없이 척결되고 튼실한 순리의 노래가 영원히 넘실대는 곳으로 본 것인데, 여기에 하잘 것없는 우리 인간들의 조잡한 행태를 슬쩍 견주어 보고 부끄럽게 여기는 심경을 담은 그런 시입니다. 하지만 여러분은 각자 다르게 이해해도 상관없습니다. 시란 노래인데, 노래를 듣는 사람의 감정은 충분히 다를 수 있기 때문입니다.

문용민 : 우리 학교에서 신문과 교지를 지도하시는 정해 선생님께서는 선생님을 소재로 하여 몇 편의 연작작품을 발표하신 것으로 알고 있는데, 자신이 작품의 소재가 된 데 대한 느낌과 특별히 그 작품들에 대한 소감을 말씀해 주십시오.

심봉구 : 작품이 나온 배경을 좀 설명할 필요가 있겠습니다. 80년대 후반인가 그 무렵의 화제는 온통 자동차에 관한 것으로, 장안 남자들의 가장 큰 관심사였습니다. 선생님들도 온통 마찬가지였어요. 그래서 차를 못 가진 소외된 몇몇 분이 "우

린 그까짓 차 사지도 말자, 응?"하는 심정으로 우스개 삼아 스스로를 무거당(無車黨)이라 부르기로 했습니다. 어쨌든 간에 당(?)은 생겼으니 모여야 하고 모이면 또 한잔해야 하니 운영비는 있어야 하는 법이고, 그래서 여기저기 잡문(雜文)을 발표하여 원고료를 받아 오기로 했던 것입니다. 지금은 대진대학교 교수로 가신 구득환 선생님이 주로 판촉에 나섰고 나와 정해 선생은 글을 생산해 내는 업무를 맡았습니다. 정 선생은 나를 소재로 하여 여러 편의 글을 만들어 경제에 크게 이바지했습니다. 정해 선생의 작품에서 '아룡 선생'이라는 인물이 고지식하고 우스꽝스런 모습으로 등장하곤 했지만, 다 무거당의 공금 확보를 위한 돈벌이(?)에 일조한다고 생각해서 불만은 없었어요. 그리고 아마도 그렇게 써 놓아야 또 서로 킬킬거리며 웃을 수가 있지 않았겠어요? 하여간 다 지난날 일이지만 의미 있고 재미있었던 추억으로 기억하고 있습니다.

정용경 : 끝으로 우리 학생들에게 바라시는 점이 있다면 한마디 해 주시고, 특히 우리 문예부에 대하여 조언의 말씀 부탁드립니다.

심봉구 : 좀 더 사려 깊은 사람이 되었으면 해요. 자기

자신에 대해서도 깊이 생각해 보고 어떻게 살아갈 것인가도 곰곰 생각해 보라는 것입니다. 경망은 인생을 그르친다는 것을 명심해야 돼요. 아무 생각 없이 교실이나 복도에 침이나 껌을 탁 뱉고도 유유히 지나가는 행위는 다 생각이 모자라는 한심한 짓이죠. 사려 깊은 인간이 되는 방법으로 가장 좋은 것이 독서입니다. 책을 꼼꼼히 정독하는 버릇을 꾸준히 들이다보면 적어도 실패하는 삶을 살지는 않는다고 확신합니다. 경신 문예부는 누가 뭐래도 우리나라에서 가장 역사가 깊은 아주 주요한 부서라는 점을 기억하고 긍지를 가지길 바랍니다. 한마디 조언한다면, 가능성 있고 능력 있는 부원이 적극 참여하도록 홍보해야 한다는 점입니다. 어떤 모임이든 다 사람이 한다는 사실을 명심해 주실 바랍니다.

문용민 : 선생님, 오랜 시간 할애해 주셔서 정말 감사합니다.

- 1995년, ≪경신≫ 개교 110주년 기념호 교지에서

作品解說
노마드적 개척정신과 풍자의 시학

김 순 진 (문학평론가·한국문인협회 이사)

〈작품해설〉
노마드적 개척정신과 풍자의 시학

김 순 진

 시인에는 좋은 시인과 위대한 시인이 있다고 한다. 좋은 시인은 자기의 시각으로 바라본 세상을 통해 자기의 작품을 잘 소화해내는 시인이고, 위대한 시인은 그 나라 그 민족의 정체성을 논하는 시인이라 보면 될 것 같다. 그러나 아무리 좋은 시를 쓰려 하거나 위대한 시를 쓰려 해도 시인 자신의 소양이 부족해 어떤 게 좋은 소재인지, 어떤 게 민족적인 정서인지 구분할 수 없다면 그런 사람은 좋은 시인도 위대한 시인도 될 수 없다. 좋은 그림을 그리려면 물론 좋은 물감과 화구가 필요하겠지만, 그보다는 오랜 훈련이 필요하다고 생각한다. 훌륭한 화가가 되려면 끊임없이 사물을 스케치하고, 색감을 익혀나가야 한다. 도시를 잘 그리려면 먼저 어반스케치를 배워야 한다. 그래서 길거리의 풍경, 카페의 한 장면, 여행지의 건물 등을 담아내야 하는데, 그런 것처럼 시쓰기도 어반스케치와 같은 훈련이 필요한 것이다. 흔히 서예에서 길영(永)자를 먼저 배울 때, 우리는 점을 수 없이 찍고 내리 긋는 갈고리와 좌우 삐침을 수없이 필사하여 글씨의 습관이 몸에 배도록 훈련을 한다. 그래서 비로소 횡으로 긋는 한일(一)자와 종으로 긋는 뚫을곤(丨)자가 완성되었을 때 또다른 글씨로 나아갈 수 있다. 그림을 그리려는 사람이 수없이 사선을 긋고 나야 난을 칠 수 있고, 국화를 그릴 수 있게 되는 것처럼, 시를 쓰는 사람 역시 다양한 지식과 세상을 바라볼 수 있는 다양한 시각을 필요로 하는데, 나는 심봉구 시인이 그런 훈련기간을 오랫동안 가져온 시인으로 평가한다.

그러나 아무리 다양한 지식과 세상을 바라볼 수 있는 다양한 도구를 장착했다고 할 지라도 시적 기능, 즉 해학과 풍자 같은 웃음과 고발의 정신이 없다면 그 시는 죽은 시에 가깝다. 해학(諧謔)이란 익살스럽고 유쾌한 표현을 통해 여운을 남기는 예술적 장치로 독자에게 웃음을 제공하지만, 그것은 심봉구 시인처럼 깊은 통찰과 철학, 그리고 여유 있는 시선이 있어야만 가능한 일이다. 한 걸음 더 나아가 시에서 풍자(諷刺)적 기법을 사용하려면 사회의 부조리나 허영, 모순된 부분을 우회적으로 꼬집어 고발해야 한다. 이 두 요소는 전통적인 예술의 장르 속에서 쌍벽을 이루었다고 해도 과언이 아닌데 이 심봉구 시인의 시집에 들어있는 해학과 풍자 정신은 세상을 직접적으로 욕하거나 비판하지 않지만, 그 은근한 암시가 주는 고발과 경계의 정신은 시가 가지는 전통보전, 사회고발 정신 등의 일련의 기능과 부합한다고 할 수 있다.

  나는 심봉구 시인이 보내온 일련의 시편들을 읽으며 왜 이리 훌륭한 시인이 아직 빛을 발하지 못했을까 의구심을 가진다. 그의 작품에는 민족정서가 녹아 있으면서도 골계미적 해학이 들어있어서 한바탕 고개를 젖히고 큰 소리로 웃으며 시를 읽을 수 었고, 개인의 사생활이 묻어 있어서 무릎을 치며 고개를 끄덕일 수 있었다. 무엇보다도 그의 시에는 노마드적 개척정신이 들어있어서 시를 배우거나 학문을 하려는 사람들에게 좋은 교과서가 될 것 같은 예감이 든다. 그래서 나는 심봉구 시인을 좋고도 위대한 시인이라 말하고 싶다.

  그럼 이쯤에서 심봉구 시인이 시 몇 수를 읽어보면서 그의 시에 드러난 해학과 풍자의 세계를 여행해보자.

2. 전통 속에 흐르는 해학과 풍자

    화천 농막에
    납시었다 구렁이
    찬란한 보석을 주렁주렁
    걸치고 슬렁슬렁 나타났다
    촘촘한 나이론 그물망을
    만능열쇠로 철컥 열고
    비웃으며 걸어 나왔다
    파란 얼굴로 맞설 수밖에
    경기 일으키는

깊은 강이나 바다에
뱀장어로 살아 마땅할 놈
나랑 무삼 원수졌관데
천하 악당 리반클리프*같이 예까지 찾아와
바늘 눈빛 번뜩이는지
천경자 할매를 부를까
서정주 할배를 부를까

우크라이나 도살자 눈알과
정치꾼 그 뱀눈이 겹쳐
팍! 곡괭이로 찍을까 했지만
후환이 두려워
징그러운 뒤처리가 더 무서워
싸리비로 어깨 떠밀어 보낸다
미당이 알려준 주문 읊으며
스며라, 배암
스며라, 배암

* 리 반 클리프 : 지구상 가장 비열하고 기분 나쁜 눈빛의 악당 전문 배우
* 스며라, 배암 : 서정주의 시 「화사(花蛇)」의 한 구절

-「스며라, 배암」 전문

　뱀은 누구나 싫어하고 무서워하는 동물이다. 심봉구 시인이 말한 "스며라, 배암"은 실은 서정주 시인의 시 「화사」의 마지막 부분에 나오는 주문이다. 그러나 여기서 심봉구 시인이 말하는 '스며라'라는 말은 단순히

담장이나 굴 속으로 들어가라는 말이 아니다. 올바르게 정신을 차리지 못하는 우리에게 섬뜩한 정신이 들도록 주문을 외우는 것으로 일종의 풍자다. 일찍이 화가 천경자는 1951년 스물일곱 살의 나이에 6.25전쟁 중 부산에서 가진 개인전에서 머리에 수십 마리의 뱀이 살아움직이는 여인상과 여러 가지 뱀 그림을 전시해 일약 스타덤에 오르며 센세이션을 일으켰다. 여기서 나온 악당 전문 배우 리 반 클리프는 'OK목장의 결투', '석양의 무법자', '석양의 건맨' 등에서 악당으로 나온 배우로 그의 째려 뜬 눈은 공연히 보는 사람으로 하여금 기분 나쁘게 한다. 말하자면 심봉구 시인이 생각하는 뱀의 눈이다. 정승욱 문학박사는 "뱀은 다양한 상징성을 가진 동물이다. 징그럽게 생긴 외모와 일부 뱀이 가진 치명적인 맹독으로 인해 무섭고 부정적인 존재로만 인식될 것 같으나, 의외로 긍정적인 상징성과 함께 애니미즘적 신성(神性)을 가진 동물이다. 한국 문화에서 뱀의 대표 상징성은 역시 풍요와 다산이다. 뱀이 치유를 상징하는 동물이라는 지상파 언론의 언급은 서양문화 속의 뱀의 상징성을 말한 것이다. 치유의 상징은 그리스 신화 속 의술의 신 아스클레피오스의 지팡이에 한 마리의 뱀이 감겨 있는 상징적 표식에서 비롯되었다."라고 말한다. 뱀은 독이 있어 사람들이 싫어하지만 사악한 동물이 아니다. 나는 일찍이 뱀을 두고 가장 축복받은 동물로 비유했다. 용처럼 다리도 없으면서 비늘만으로 땅 위에서 자유롭게 이동할 수 있고, 나무를 휘감으며 오를 수 있는 동물은 뱀이 유일하다. 게다가 뱀은 굴까지 팔 수 있는 능력을 지녔고, 겨울잠을 자는 특혜를 누렸다. 그러니 뱀은 세상 모든 동물 중에 가장 축복받는 동물인 것 같다. 여기서 심봉구 시인이 말하는 뱀은 지극히 낮은데서 사는 우리네 서민을 풍자한 것이리라. 나는 평소 자신의 감정을 자유자재로 드러낸 서정주 시인의 시풍을 동경했다. 그래서인지 이 시에서 서정주 시인이 살아서 돌아온 듯한 반가움을 느낀다.

> 만추(晩秋)의 나이가 되어
> 밀레의 만종(晩鐘)을 다시 보니
> 에밀레 붉은 울음이 자욱합니다
>
> 양구 땅 열두 살 박수근은 이 그림을 처음 보고
> 부르르 오줌 찔끔 싸고는 험난한 화가의 길로 나서서
> 평생 가난한 영혼만 그렸습니다
>
> 스페인 화가 살바도르 달리는 이 그림을 처음 보고
> 미친놈처럼 중얼거렸습니다
> 아기 관(棺)이 숨어 있다며 평생 떠들고 다녔습니다
>
> 에밀레, 붉은 그 울음을
> 박수근은 납작하게 눌러서 메마른 입자로 깔았고
> 달리는 녹아내리는 시계처럼 기괴한 형상으로 담았습니다

훗날 엑스레이로 조사해보니
감자 바구니 밑에는
관처럼 생긴 것이 있었답니다

-「밀레, 에밀레」 전문

  화가 밀레는 1814년에 태어나 1875년에 작고한 프랑스 화가다. 그는 조용하고 평화로운 풍경화를 주로 그린 화가로 우리가 잘 아는 그림이자 이 시의 소재인 '만종'은 어느 가을날 두 농부 부부가 들판에 나와 바구니를 사이에 두고 기도를 하고 있는 모습이다. 그런데 심봉구 시인이 말했듯이 그 바구니는 원래 씨감자와 밭일 도구를 담은 바구니가 아니라, 두 부부가 사랑하는 아기의 시체가 들어있는 바구니였다. 그런데 밀레의 친구가 이 그림을 보게 되었고, 큰 충격을 받으며 바구니에 아기를 넣지 말자고 제안했고, 밀레는 고심 끝에 아기 대신 감자를 그려넣어 출품을 했다고 한다. 이 시에서 나오는 '에밀레'는 '에밀레종'이 울리는 소리를 말한다. 에밀레종은 국보 29호인 성덕대왕 신종을 말하는데, 이 종은 신라를 통일한 성덕왕의 공덕을 기리고져 경덕왕이 서기 771년에 완성한 종이다. 이 종을 만드는데, 무려 34년이란 긴 시간과 막대한 비용, 수많은 노력이 들어야 했는데 스님들은 이 종을 만들기 위하여 동네를 돌며 쇠붙이 탁발을 다녀야 했다. 그러던 중 어느 민가에 들어갔는데, 그 집 여인네가 젖먹이 아이를 안고 있다가 탁발승이 쇠붙이의 시주를 부탁하니까 "아이구 쇠붙이가 없는데 어떡할까, 애나 줄까?"라고 빈말 섞인 농담을 했고, 그 이후 종을 만들었는데 소리가 나지 않아서, 이유를 물었더니 그런 일이 있었다고 한다. 그래서 되돌아가 아이를 시주로 받아 녹여서 종을 만들었더니 엄마를 원망하며 종소리가 "에멜레, 에밀레"하며 울리게 되었다는 전설이다. 그러니까 밀레의 만종과 에밀레 종은 다 같이 어린 아이가 등장한다는 점에서 공통점을 가지고 있다. 그리고 아이를 잃은 슬픔이 이 시의 전반에 깔려 있고, 아이를 잘 기르지 못한 밀레 시대의 부부와 경덕왕 시대의 어미에 대한 풍자가 들어있다. 물론 에밀레종이 만들어진 해는 771년이고 밀레가 이 그림을 그린 해는 1859년이니, 1088년 전의 에밀레종이 밀레의 그림 속에 죽어간 아기를 애도하는 형국으로 일종의 풍자다.

3. 노마드적 개척정신으로부터의 해학과 풍자

오쟁이 진 남편 만들고는
죽음까지 불렀다고 억수로 욕먹은 곤차로바
나, 진토(塵土)되어 말하네
160년 만에 입을 여네
꾀죄죄한 심 영감 어눌한 입 빌려 노래하네
시인 그 잘난 것들이란 참

쓰바따예바, 그 우라질 시인 년은
알지도 못하면서 나불거렸지

곤차로바는 미녀일 뿐이었어 지혜와도 영혼과도 마음과도 재능과도 함께 어우러지지 못한 단지 미인일 뿐인 사람, 헐벗은 미모는 악취 풍기는 흉기 같았어 그리고 휘둘린 흉기는 참상을 빚었지

허 참 저는 레즈비언이면서
결국 자살까지 했으면서
뭘 다 안다고 천한 아가리 놀렸을까나
젠더 감수성 야무진 그대에게
이제 톡 까놓고 말하고 싶네

푸시킨은 나보다 13살 많고 키는 10센티나 작았어 아프리카 노예 핏줄 거무튀튀한 원숭이 상판이었지 러시아 제일의 가수였어 그땐 시가 고상한 노래였잖아 달콤한 혓바닥으로 수많은 귓바퀴를 핥아대면 다 쓰러졌지 돈후앙이란 소문은 진작 그득했어

(하략)

- 「곤차로바의 노래 - 푸쉬킨 아내의 독백」 부분

심봉구 시인은 그동안 세계 68개 국을 탐방한 여행작가다. 말이 68개국이지 그 많은 나라를 여행하려면 비용은 얼마나 많이 들었으며, 교직에 몸담고 있던 그가 얼마나 빠듯한 시간을 쪼개어 출국과 입국을 위해 동동

거리며 뛰어다녔을까 가늠이 안 된다. 알렉산드로 푸시킨은 1799년 모스크바에서 태어나 1837년 상트페테르부르크에서 사망한 러시아의 시인이다. 흔히 우리가 잘 알고 있는 「삶이 그대를 속일 지라도」의 시 "삶이 그대를 속일지라도 슬퍼하거나 노여워하지 말라 / 슬픔의 날 참고 견디면 기쁨의 날이 오리니 / 마음은 미래에 살고 현재는 늘 슬픈 것 / 모든 것은 순간에 지나가고 지나간 것은 다시 그리워 지나니 / 삶이 그대를 속일지라도 노하거나 서러워하지 말라 / 절망의 나날 참고 견디면 기쁨의 날 반드시 찾아오리라 / 마음은 미래에 살고 현재는 언제나 슬픈 법 / 모든 것은 한순간에 사라지지만 가버린 것은 마음에 소중하리라(이하 생략, 번역자마다 조금씩 내용이 다를 수 있음)"의 저자다. 그런데 이 시는 세계적인 시인 푸시킨을 노래한 것이 아니라 그의 아내 '곤자로바'의 삶을 조명한 시다. 세상의 역사는 언제나 승리자의 편에 의해서 쓰여진다. 그리고 남성주의적 역사의식에 의해 쓰여진다. 나는 그런 것에 반기를 드는 것이 아니라 적어도 여성들의 수고를 알아주자는 것이다. 안중근, 윤봉길, 김좌진 등 독립운동을 한 수많은 남성들이 국가유공자로 표창을 받고 그 가족들이 기림을 받는데 반하여, 독립자금을 모으고, 치마 밑에 숨겨 은밀히 전달하고, 독립투사들을 목숨 걸고 숨겨준 여성들의 독립운동에 대한 연구는 지극히 미미한 실정이다. 그렇듯 우리가 흔히 소크라테스의 처가 악처

라서 그런 위대한 철학가가 나왔다고 말하지만, 실은 소크라테스의 처 역시 소크라테스와 버금가는 철학적 소양을 지니고 있었을 터, 서로의 대화 속에 철학적인 사상이 적립되고 후대에 전해졌다고 본다면, 나는 푸시킨의 처 콘차로바의 수고가 세상에 알려지기를 바라고, 또한 세상 모든 예술가들의 아내가 한 예술가를 경지로 밀어올리기 위해 궂은 일을 마다하지 않고 바라지했다는 사실을 알리고 싶은 것이다. 최근 나는 아들을 결혼시켰다. 그 자리에서 덕담을 하게 되었는데, 나는 아내의 이름을 거명하며, "그 어려운 시기에 예술을 시작한 무모한 남편을 말없이 응원해준 우리 아내에게 박수를 보내주세요."라고 말한 바 있다. 예술가들의 모든 아내들에게 이 시를 보낸다.

> 어느 해 늦가을 빠리 근교 작은 오베르 마을
> 까마귀가 있는 밀밭 근처에서 빈센트 반 고흐를 만났다
> 그렁그렁 눈물을 달고 비를 껴안았다
>
> 타히티섬의 고갱은 키득키득 슬픈 웃음을 씹고
> 정열의 여인 천경자는 뱀을 목에 걸고 춤추고 있다
>
> 푸른 밤하늘 별무리를 보며
> 화가 김환기가 '빈센트'를 노래한다
> Starry, starry night~
> 아내 김향안이 꽈리차를 마시다가
> 순간 변동림이 된다

변동림의 남편 이상이
　　69다방 낡은 의자에 앉아 꺼이꺼이 울고 있다
　　꼽추 화가 구본웅이
　　그의 어깨에 손을 얹고 토닥토닥 토닥인다

　　어스름 저녁에 성북동 사는 시인 김광섭이
　　홀로 동대문 야구장에 앉아
　　검푸른 하늘 별무리를 쳐다본다
　　막 별이 된 아내를 찾고 있다

　　아아, 모두들 어디서 무슨 별이 되어
　　다시 만날 수 있을까
　　만날 수는 있을까

　　　　　　　　　－「빈센트, 그리고 의식의 흐름」 전문

　이 시는 '별이 빛나는 밤', '사이프러스 나무와 별이 있는 길' 등을 그린 빈센트 반 고흐의 고향마을 오베르를 다녀와서 쓴 시다. 일맥상통이란 말이 있다. 모든 길은 통한다는 말로도 풀이할 수 있는데, 심봉구 시인이 본 빈센트 반 고흐의 그림에서는 고갱의 '타히티섬의 두 여인'이 "키득키득 슬픈 웃음을 씹고 정열의 여인 천경자는 뱀을 목에 걸고 춤추고 있다"며 김환기의 그림 속을 들어와 김환기의 아내 김향안과 두 번째 아내이자 친일 화가 구본웅과 살았던 변동림 수필가까지 껴안으며 김광섭 시인의 시 「저녁에」의 "저렇게 많은 밝은 별 중에서 / 별 하나가 나를 내려다 본다 / 이렇게 많은 사람 중에서 / 그 별 하나를 쳐다 본다 / 밤이 깊을수록 별은 밝음 속에서 사라지고 / 나는 어둠 속에서 사라진다 / 이렇게 정다운 너 하나 나 하나는 어디서 무엇이 되어 다시 만나리"란 가사를 읊조린다. 실로 해박한 예술적 지식을 통한 시인데, 이는 심봉구 시인이 고등학교에서 국어 교사로 정년퇴임을 했던 이력만으로도 충분히 설명이 가능하다. 지난 주에 가까운 문인들과 신안군에 있는 김환기 화백의 생가에 다녀왔다. 김환기 화백은 대한민국 추상미술의 선구자이며 특히 20세기 한국 현대미술사에 있어 단색화를 대표하는 화가로 널리 알려져 있다. 그의 그림에는 항아리, 나무, 새, 꽃 등이 아주 원초적인 형태로, 기하학적으로 그려 넣어 단순한 이미지에서 오는 청량감을 획득하여 독자층을 그러모은 화가로 유명하다. 그는 문인들에게도 친숙한 화가였는데, 술 한 잔에 수필집, 시집, 소설책의 장정이나 삽화를 그려주어서 김환기 화백의 그림이 들어간 책은 상당한 인기를 구가하기도 했다. 2024년 9월에 거래된 한국 화가의 그림 중 가장 비싼 거래가를 기록한 회화 작품 10개가 모두 김환기 화백의 작품이었다고 하니 과히 그가 죽은 지 50년이 지났어도 그의 인기는 대단한 것 같다. 역사는 여성들의 아픔까지 껴안는 것이 진정한 역사라 한다면, 심봉구 시인의 이런 시풍들은 위대한 시의 한 부류에 속한다고 할 수 있다.

4. 스토리로 풀이하는 해학과 풍자

마른 소똥처럼 납작집 몇 채가 게으르게 엎드린 산촌, 안개 속에 목관(木棺)이 닻을 내리고 성형외과 의사가 산자락 삼겹살 속으로 박혔다 콧날 예쁜 여자가 눈물범벅으로 돌다리를 건너간다 천둥 울고 비 내리면 그 의사는 미끈한 육수(肉水)로 녹아내려 물푸레나무 뿌리에 진한 비타민을 바르고는 돌 사이로 흐르는 즐거운 노래가 되었다가 산자락 발톱 틈새 어린 물고기를 키우는 맑은 젖이 될 것이다

기어이 연어가 돌아오는 산촌, 개울가 큰 소똥 그 떡집에 춘자가 목에 잔뜩 주름을 새기고 돌아왔다 여고 시절 밴드부로 또 여군에서 십여 년 줄창나게 나팔만 불었다는 그녀가 왔다 저녁놀이 곱거나 부슬비가 내릴 때도 구깃구깃 갱년기를 한 손에 움켜쥐고 찬란하게 터뜨리는 춘자의 트럼펫―, 노랑 꽁지머리 아들은 또 오토바이 페달을 부등 밟아댄다

어느 날인가 산자락 가까이로 공공칠 가방을 든 사내도 스며들었다 뉴욕 뒷골목에서 틀니를 깎았다고도 하고 콜로라도 어디에선가 푸른 달빛에 젖어 배추 꼬랑지 되어 잠들기도 했다던 그 사내, 얼굴에 죽음을 구두약처럼 덕지덕지 묻히고 왔다 솔잎이랑 얄궂은 푸성귀만 먹고 그냥 하늘만 쳐다보고 산다고 했는데 매일 밤 그의 속살은 고운 육수로 빚어지고 있었다 노랑 고무신 내 첫사랑이 떡을 빚는 달무리 고운 그 밤에도

단풍이 서리 발라 더 고운 날 마침내 연어가 만삭이 되

어 돌아왔다 아! 보석처럼 쏟아내는 반짝이는 생명 조각 그리고 DDT처럼 쏘아대는 수컷의 분사噴射, 속옷을 헹구다가 춘자는 눈부시게 늘씬 트럼펫을 불어댄다 겨우내 얼음장 밑에서 도란도란 공공칠 사내의 수액을 먹고 자란 연어는 감꽃이 지천으로 자욱하게 뿌려지던 날 초록빛 추억을 물고 사춘기처럼 집을 떠날 것이고 꽁지머리도 낯선 항구를 향해 돛대 높이 올리고 부르르릉 페달을 밟을 것이다 결국 돌아가고 돌아오는 산촌에서

- 「회귀촌(回歸村)」 전문

  어릴 적 매년 추수가 끝나고 11월이 되면 서너 칸의 지붕 위 매년 이엉을 엮어 덮었다. 몇 겹의 이엉이 가느다란 굴참나무 석가래에 목숨 걸고 얹히게 되면 이엉은 어지럽게 지붕을 달팽이처럼 돌아다녔다. 황토흙 개어 찍고 바른 흙벽돌집의 처마 밑은 연기에 까맣게 그을린 채 거미줄이 주레주레 매달렸고 싸릿가지를 펴서 만든 들창이 있는 방안엔 반닫이 괴짝 두 개가 놓여 있었다. 그 위엔 광목 소창을 두른 목화솜 이불 누데기가 간밤의 잠덧을 해찰하듯 얹혀있었다. 부엌 부뚜막 위엔 무쇠솥과 양은솥이 걸려 있었고 그 위 바람벽엔 대조리, 나무로 깎은 주걱, 나무뿌리로 만든 솥씻개가 걸려 있었다. 사과 궤짝을 층층이 얹어 놓은 찬창에는 보리밥에 찐 깻잎 장아찌와 먹다 남은 호박푸렝이가 시커멓게 바랜 양은 그릇에 반주발쯤 담겨 있고, 아궁이 앞엔 부짓깽이가 숙제 안 해간 아이 야단치듯 호령하고, 불담도

없이 지지부진 타고 말 힘없는 지푸라기들이 은단먹은 닭처럼 쓰러져있곤 했다. 지렛대로 구멍을 뚫어 졸참나무 틀어박은 울타리엔 파랑꽃 강낭콩이 주리를 틀며 기어오르고, 누우런 늙은 호박이 싸립문 여는 이의 시선을 부르며 매달려 있다. 울타리 밑엔 매닭 꿩닭들이 흙목욕에 토실토실 뽀얗고, 고무신 물어뜯던 삽살이는 숨을 헐떡이며 마루 밑에 잠자고, 한 아이 툇마루에 가방 팽개치고 연필에 침을 바르며 갸우뚱갸우뚱 숙제를 한다. 심봉구 시인은 필자보다 몇 년 선배이다. 그러나 동시대에 성장해온 경험은 강원도에서 자란 심봉구 시인이나, 강원도와 인접한 포천 이동면에서 자란 필자나 대동소이하다. 그러니 그가 자란 산촌이나, 화전민의 자식으로 자란 나나 별 다를 바가 없다는 생각이 든다. 그의 작품 속에 녹아 있는 "마른 소똥처럼 납작집 몇 채가 게으르게 엎드린 산촌"은 그야말로 추억의 보고다. 우리 동네도 지금은 다리가 놓여 있지만 마을을 가로지르는 돌다리가 있었고, 가끔 방학때면 서울에서 하얀 타이즈에 어깨 끈을 멘 원피스의 여자아이가 징검다리를 건너면 공연히 돌을 던져 물탕을 튀기던 기억이 새롭다. 대부분의 여자아이들은 초등학교만 보낸 채 대도시의 공장이나 버스 안내양 등으로 보내졌고, 그나마 공부 좀 하거니 부잣집 아이만 고등학교에 진학할 수 있었는데, 좀 논다고 할 수 있는 밴드부에 들어간 그녀는 근방 또래 친구들에게 주목 받을 수밖에 없었고, 심봉구 시인에게도 예외는 아니었으리라. 그러나 지금은 여느 시골동네가 그런 것처럼 대부분 떠나고 빈 동네이다. 결국 그 당시의 고향 풍경은 한 시인의 시 속에서 이렇게 영원히 사는 것이니, 시인의 역할이 얼마나 중요한가. 심봉구 시인은 그 시대의 풍습과 풍경을 보전하는 일을 이 시에서 충실히 수행해내고 있는 것이다.

앞산 그리메 일렁이던 두 눈
초가집 대들보 같은 등뼈
음전한 두 뿔도 다 뽑히고
빈 껍질 소가죽 되어 떠나네
만장처럼 펄럭이며
기럭기럭 울며 떼지어 떠나네

날아가다 어떤 쪼가리는
거룩한 말씀 담아 눕고
어떤 껍질은 둥둥 북 되어
하늘로 솟는 영혼으로 우네
어떤 가죽은 전장의 군화 되어
잘린 발목을 담아 길길이 뛰고
어떤 쪼가리는 샹젤리제 거리에서
샤넬 공주로 참 요염하네

바람 같은 껍질이 되어
바람 같은 인생을 닮고 마네
히틀러의 번쩍이는 장화같이
미친 지랄이기도 하고

마릴린 먼로의 빨간 하이힐처럼
해거름 진홍 노을이기도 하네

- 「소가죽 타령」 전문

 "사람은 죽어 이름을 남기고 호랑이는 죽어 가죽을 남긴다."고 했다. 왜 그런 속담이 나오게 됐을까? 그것은 추운 지방에 사는 우리나라에 전해져 오는 이야기로, 결국 털이 있는 호랑이 가죽은 그 시대에 옷감이나 방석으로 쓰였을 터, 호랑이는 이제 동물원에 가야만 볼 수 있는 동물이 되었고, 실제의 호피를 구한다는 것은 중국에서의 밀매를 통해서만 가능할 일, 우리는 꿩대신 닭으로 소가죽에 목숨을 건다. 엊그제 나는 그것도 모자라 중국의 쇼핑몰 테무에서 레자가죽 샌들 하나를 구입했다. 가죽은 아무래도 까다롭고 기술을 요하는 가공과정과 기술자의 숙련도에 따라 값이 달라지는 지갑, 신발, 벨트, 가방 등으로 인기가 높으니, 우리처럼 주머니 사정이 빈약한 사람은 레자를 살 수밖에 없으리라. 잔인하기로서니 인간 만한 동물이 어디 있으랴. 사자나 호랑이가 맹수라고는 하지만, 그들은 한 번에 한 마리만 사냥해서 먹는 지극히 신사적인 행동을 보이지만, 사람들은 그 자리에서 동물을 죽이고, 그걸 바라보며 맛있다고 먹는다. 해물탕을 끓여도 살아있는 낙지가 꿈틀거리며 삶과 죽음의 기로에서 헤맬 때, 사람들은 신선하다며 좋아하니 말이다. 소는 정말 인간에게 아낌없이 주는 동물이다. 논밭을 갈며 일을 해주고, 거름을 떨어뜨려 퇴비와 땔감을 도와주며, 죽어서는 고기를 제공해준다. 그것도 모자라, 뼈를 고아 먹으며 설렁탕이라 하고, 갈아낸 뼈와 지점토를 섞어 도자기를 만들기도 한다. 소의 가죽은 그야말로 인간의 삶을 책임지는 생활필수품이 된다. 샤넬이니 구찌니, 루이비통, 프라다니 하는 명품 브랜드들의 효자 상품은 결국 가방, 신발, 지갑, 벨트 같은 것들로 모두 소가죽, 양가죽 등 순한 동물들에게서 얻은 것들이다. 가죽 중에는 특히 어린 암소의 가죽이 좋다고 하여 생후 1년 미만의 소를 살육하여 만든 가방과 신발은 사람들에게 고부가치라고 하니, 동물애호가들이 들으면 정말 천벌을 받을 일이라 호통을 칠 것 같다. 나는 단편소설 「대추 두 알」에서 우시장 풍경을 "덩치는 코끼리만큼 크지만, 얼굴이 검고 양순하여 멍하니 산을 바라보며 죽일 테면 죽여보라며 되새김질을 하고 있는 소, 새끼를 낳고 새끼와 떨어져 홀로 팔려 나온 어미 소와 어미의 젖을 떨어져 목이 쉬어라 어미를 부르고 있는 송아지가 서로를 바라보며 자신의 혈육인 양 목 놓아 부르고 있었다. 새끼를 배어서 금방이라도 낳을 것 같이 배가 불뚝한 소와 평생 논밭에서 일하고 이제 늙어 목덜미에 두둑한 멍에 자국이 훈장처럼 남아있는 늙은 소"를 묘사한 적 있다. 또 그 뿔을 묘사하면서 "사랑한다고 수화를 하듯 가운데로 예쁘게 모인

뿔을 가진 소, '천상천하유아독존'이라고 말하고 있는 듯, 한 개는 하늘로 향하고 다른 한 개는 땅으로 향한 뿔을 가진 소, 뿔 두 개가 모두 가운데로 몰려 정수리를 파고드는 뿔을 가진 소, 한쪽은 빠져서 없어지고 남은 한 개의 뿔만 있는 소, 한쪽이 빠져 이제 조금 나오고 있는 소, 이제 뿔이 막 나오기 시작하는지 머리통이 가려워 자꾸만 비벼대는 송아지"를 묘사하기도 했다. 심봉구 시인처럼 이렇게 소들의 한을 풀어주며 그들의 수고에 감사하는 사람이 있다는 것을 소들도 알아주었으면 좋겠다.

 이상에서처럼 심봉구 시인의 시 몇 수를 읽어보았다. 그의 시에는 해학과 풍자가 들어있었고, 인간미와 도덕이 들어있었으며, 해박한 지식과 우리 것을 소중히 여기는 보전정신이 들어있었고, 무엇보다도 노마드적 시각이 들어있어서 정신적인 안주보다는 시련을 각오한 개적에 무게를 두고 있었다. 그러므로 나는 심봉구 시인의 시세계를 "노마드적 개척정신과 풍자의 시학"이라 평한다.

심봉구 시집

곤차로바의 노래

초판인쇄일   2025년 11월 25일

지은이 : 심봉구
펴낸이 : 김순진
편집장 : 전하라
디자인 : 김초롱
펴낸곳 : 도서출판 문학공원
등   록 : 2004년 3월 9일 제6-706호
주   소 : (우편번호 03382)서울특별시 은평구 통일로 633
          녹번오피스텔 501호 스토리문학사
전   화 : 02-2234-1666
팩   스 : 02-2236-1666
홈페이지 : https://blog.naver.com/ksj5562
이메일 : 4615562@hanmail.net

2025ⓒ심봉구

파손된 책은 바꿔드립니다.